北海道の先進事例に学ぶ

宮谷内留雄／安斎保／見野全／佐藤克廣／神原勝
著

地方自治土曜講座ブックレットＮｏ．114

講演Ⅰ　下川町──

森林資源の活用を基礎にまちづくり

安斎　保（下川町長）

はじめに

ご紹介いただきました下川町長の安斎でございます。

この地方自治土曜講座も早十二年目を迎えたとのこと関係者の努力や参加されている受講生の皆さんの熱意に感銘します。

七月の十六日・十七日の二日間「これからの自治を考える」自治体フォーラムを下川町において開催しました。全道の各地から自治体の職員の皆様や議会議員の皆様をはじめとして二百名以上の方々が集まり、地域づくりについて様々な議論がなされました。その中である大学教授から、この地方自治土曜講座について、このようなご紹介がありました。「北海道において地方自治土曜講座は、十年以上にわたる活動がなされている。こういった長い間の取り組み、営々とした努力の積み重ねが、今日、自治のあり方を問われている時代にあって、あらためて原点を見つめた自治の花を増すことにつながる。」と評されておりました。

私たちの地域を取り巻く環境は、誠に厳しいものがあります。そして、地方分権社会の進展により地方自治はほんとうに大きな転換期を迎えています。これまで進められてきた中央集権の下では、補助金や画一的な施策が尊重されましたが、これからは、それぞれの地域づくりにおいて、地域資源の再発見と人材の掘り起こしをいかに政策につなげることができるかが一層大切になると考えます。本日は、森林資源の活用を中心とする下川町の取り組みについてお話をさせていただきたいと思います。

森林《もり》と大地と人が輝くまち

下川町は人口約四千人の道北の小さな山村であり、町の面積六万四千四百ヘクタールのうち、九〇パーセント以上が森林であります。明治三十四年に岐阜県高鷲村（現郡上市）からの開拓入植以来、今日まで常に森林・林業の恩恵を受けてきた町であります。今、森林の整備は「緑の公共事業」ともいわれ、これまでの公共事業と違い、国民すべての皆さんから評価をされる事業であると考えます。この森林を中心に下川町では、第四期下川町総合計画の「まちづくり」の将来像として「森林《もり》と大地と人が輝くまち・しもかわ」を基本目標に施策を展開しています。

恵まれた資源と資源収奪型産業の限界

歴史的な背景を少しお話しますが、下川町には、たいへん豊富な森林や地下資源があり、これまでの地域振興を支えてまいりました。下川町の森林は、かつて関東大震災、そして大戦後の復興のために、木材としてどんどん搬出され都市発展のために使われてきました。このように大量の伐採をしている時期は、非常に景気がよく、地域にも力がありました。しかし、やがて資源の先細りと安い輸入外材の影響を大きく受け、木材の伐採量も工場も減少の一途をたどり、日に日に地域の力が衰えてしまいました。国有林も資源の枯渇とともに経営形態を変え、これまで町に二つあった森林管理署（当時は営林署）は統廃合されて、下川に森林管理署が何とか残ったことは幸いでありますが、今では三十人程度の森林管理署になってしまいました。

一方、昭和の初期には金・銅などの地下資源の発見により、三菱金属、三井金属という二つの大きな財閥の進出がありました。サンル地区の金鉱山には、戦前の最盛期、三千人近くの人が住み、学校や病院や体育館などが整備され、そして優秀な陸上の選手なども たくさん輩出しました。

戦中は、ペンケ地区の銅鉱山に人が集まるようになり、そこも三千人近くの集落になりました。そこには映画館など近代的な施設が次々と整備され、本当に素晴らしい地域で、下川町民の羨望の的でありました。

当時は映画が非常に人気でございましたが、札幌の映画館と、下川鉱山の封切りが同じであり、また、三菱金属の会社自体で三十床近くの病床の病院を持つなどたいへん豊かな、そして恵まれた地域でした。しかし、東洋一と言われ隆盛を極めた銅鉱山は、資源の枯渇や円高あるいは外国からの輸入によって大変厳しい状態になり、昭和五八年に閉山となりました。

わが町は、社会に対して森林資源の木材や地下資源を供給することで発展してまいりましたが、社会情勢や資源の枯渇とともに地域から活力を失ってきました。高度経済成長を経て、持続性の伴わなかった資源収奪型産業の限界と鉄路の廃止、営林署の統廃合など国の政策転換が重なった結果、かって一万五千人の人口を数えた地域が、昭和五十五年の国勢調査では全道一の人口減少率（全国で四番目）となり、小さな自治体が一つなくなるような自体に陥りました。

逆境からの挑戦

このような状況の中で、町がなくなるのではないかと多くの町民は非常に危機感を持ちました。そして、新たな「まちづくり」をみんなで考えて取り組もうと町民の心を一して一生懸命頑張ったわけです。

幸いなことに、当時は今のように国や北海道の財政が悪いわけではなくて、自治体がある程度やる気になれば、それなりの財政支援がありました。そういう中で、下川町が取り組んだのは、逆境からの挑戦であり、一つはふるさと運動です。それから皆さんご承知かもしれませんが、万里長城の築城、アイスキャンドルの普及、そして企業誘致。この四つの事業に、町をあげて一生懸命取り組んだわけでございます。「何とかしなければまちが滅びてしまう」という声に、町民も職員も「失敗してもいいから何かに挑戦しよう」という感情がどんどん生まれました。都会にない素晴らしいふるさとを創造しようと町民運動を展開しました。その一端をご紹介します。

まず最初に、「ふるさと会員制度」を昭和五十六年に創設しました。加入者には年会費一万円を納めていただいて、それに相当する農産品など下川町の特産物を送るというものです。これは約六千万円の効果がありました。

次に「子牛の名付け親制度」。これはなかなかユニークなものでした。二十万円を納めていただいて、自分が好きな子牛の名付け親になってもらう。納めていただいた二十万円の利子に相当する部分を、それぞれの特産品で送ります。そして、会員の皆さんには下川町に来てもらい酪農家の方々とお付き合いをしていただきました。有名な女優さんも会員になられ下川町にわざわざおいでいただいたこともあり、四億八千万円を超える効果がありました。

それからもう一つ「ふるさと２０００年の森」。森林・林業のまち下川ですから、森林を復活させなければならない。そのために多くの方に森林のオーナーになっていただこうと昭和五十七年から五十九年にかけ、当時、一口二十万円の出資をいただくと「二十万円がほぼ倍になる」というようなふれ込みで、七千三百万円ほど集まりましたが、いざ、その出資額の払戻し期限になってみますと、木材の値はどんどん下がり、予想していた配当をするには大変な状況となっていました。しかし、自治体が約束したことを破るわけにはいかないと、約束どおり倍返しをいたしました。

この森林は、今後二十年から三十年の間、伐採をせずに残していくことが将来的に下川町のためになるということで、現在もそのまま残しており、下川町の林業として象徴的な手法であると思っております。

次に、万里長城の築城でございますが、昭和六十一年から築城いたしました。これは、農地造成をしたときに、「岩石がたくさん出て非常に邪魔になる。何とかならないか」という農家の方のお話があり、観光協会を中心に話し合い、万里長城をつくろうということになりました。

「万里長城」という言葉の使用については、当時の下川町長だった原田氏が中国領事館に行って許可を得ました。二〇〇〇年には万里長城築城二千メートル達成記念セレモニーを行い、当時の中国領事館総領事である孫平氏に下川に来ていただき、その際には、「衆志成城」という言葉をいただきました。その意味は、「衆」は大衆、「志」は心、「成」は成る。「大衆が心を一つにして行えば、何事もできる」という、中国に古来からある言葉だそうです。

成功といえる取り組みでしたが、石積み体験が無料だったことや石積みに参加いただいた方を登録する仕組みがなく、リピーター対策を十分考えていないなどの反省点もありました。

それから、アイスキャンドルフェスティバルですが、皆さんご承知のとおり、道北の地は本当にしばれます。マイナス三〇度になるときもありますから、バケツに水を入れて一晩外に置くと、氷のキャンドルケースが出来上がります。これを利用して、冬のイベントを立ち上げました。今は町全体をアイスキャンドルミュージアムとして実施しております。アイスキャンドルは、現在、全道各地に広まりましたが、下川町が元祖であり、商標も持っております。

次に企業誘致です。町が一番厳しい時期に企業誘致をしました。日本マイザーという光学機器加工メーカーに下川に来ていただいてから二十二年位経ちますが、安定した企業として発展を遂げております。企業を誘致するとき、他町村と競合がありまして、他は旧校舎や古い建物の再利用を条件としていました。そういった中で一歩抜きん出るためには、土地も建物も企業が必要とするものを町で確保して提供しますといった、『工場貸付条例』をつくって対応しました。当時としては、「地方自治法に抵触するのではないか」と道庁からお叱りを受けましたが、この二年後に道でも同じような条例をつくったのです。企業誘致というのは、時期を逃さずに思い切った施策を打つことが重要だと思います。

また、自動車メーカーのスズキのテストコースを下川に誘致しました。現在、社員が常駐しておりまして、毎年冬期のテストドライバーなど千人以上の方に来ていただいています。さらにスズキとの経済交流を図る中、自動車を輸出するときに使用する梱包材を下川から買っていただいていたり、下川特産品のトマトジュースなどをスズキの社員生協で販売いただくなど、現在も積極的な交流を進めております。

これらの取り組みは、町民と職員の英知の結集によりなされたものであり、地域の生きる活力、物質的な効果のみではなく、町民の精神的な支えとして地域に明るさを取り戻し、予想以上の成果を得ました。しかしながら、これらの取り組みの他に、長期的な課題の解決に向けての展望にたった政策が必要であり、それには全町面積の九割に近い森林を有する下川町の地理的特性や歴史的な背景を見て森林・林業に力を注いで参りました。

持続可能な循環型森林経営

下川町の林業の基本は、森を育てることです。昔の言葉に、「国の宝は山なり」という言葉がありますが、山の衰えは、地域の衰えであり、必ず国の衰えにつながるものと考えます。木を切るときは、必ず数十年後に備えて植林し、資源が枯渇することのない様な資源循環型の森林経営でなくてはならない。これが私の、そしてわが町の森林・林業に対する基本理念です。森林づくりは長い年月を要します。農業とは違い五十年、百年という歴史を見据えていかなければならず、したがって、その手法を誤ると取り返しのつかないものとなります。

循環型森林経営を行う上で、三つのキーワードがあり、一つ目が「森林資源の確保と持続性」です。下川町の森林はほとんどが国有林ですから、地域の裁量がなかなかおよびません。ですから、過去から将来にわたり、町の自主裁量のおよぶ町有林を確保することがたいへん重要と考えて取り組んでいます。昭和二十八年に千二百二十一ヘクタールの国有林の払い下げを受けました。当時は、地方財政は大変厳しくて、私が下川町役場に入るときには財政再建団体になったところでしたので、税収の確保が困難な状況にありました。払い下げを受けたのは、そのころ木材が高く売れましたので、国から森林を買って、それを切って売るのが目的でありました。しかし、翌二十九年に北海道の林業史上例を見ない大被害をもたらした洞爺丸台風により、壊滅的な大被害を受け、資源の枯渇が契機となり、植林をして何十年かごとに木材として搬出するといった人工造林事業に着手しました。このときからドイツ林学の「法正林」の考え方を学び、樹木の齢級構成をバランスさせ「伐採」と「植林」を永久に繰り返す循環型森林経営を目指しました。条件の悪い農地や離農者から農地を町が買い取って植林する「保全林方式」にも取り組みました。また、平成五年には、旧自治省の施策で地域総合整備事業債という（「森林の公有林化」のための）起債事業が制度化され、これを活用いたしまして、平成六年から十ヵ年で千八百ヘクタールの国有林を約二十二億円で取得することにより、下川町の町有林は人工林が約三千ヘクタール、天然林千五百ヘクタールを保有することができました。これにより毎年五十ヘクタールの伐採と植林を永久に繰り返すことのできる持続可能な森林経営の夢が文字通り現実となりました。

二つ目は「森林資源の活用」です。森林資源の確保と持続性を保ちながら優良材を育てるために除伐・間伐・枝打ち・下草刈りなどの施業を下川の森林組合に委託しています。森林組合では、町有林の育林により、一定の事業量が確保されることで安定した運営をすることができ、さらに、いろいろな事業を展開していくことを可能としました。

事業を展開のひとつとして、ゼロエミッションの木材加工があります。昭和五十六年の湿雪災害によって、多くの木が倒れたり曲がったりして、使いみちのない木となってしまいました。これまで育ててきたものを何とか活用することができないかと試行錯誤の末に木炭の加工に取り組みました。当時、木炭は、ナラやイタヤといった広葉樹を使用し、針葉樹を使うことは常識外でしたが、たいへんな苦労の末に倒木したカラマツの木炭製造が可能になりました。

また、かつてカラマツは坑木として需要がありましたが、現在は需要がないため間伐などは行われずに放っているのが実態です。しかし、健全な森林を保つためには間伐を行わなければなりませんので間伐材を木炭として活用することが可能となったことにより、間伐のための経費を捻出することができました。この木炭加工を機に炭焼きの際に生じる排煙を冷却しての木酢液の商品化や円柱加工機の導入により、間伐材を丸棒にし木酢液に浸した後、炭窯からでる煙で燻煙加工をし防腐効果を高めた円柱材、オガコを粉炭にした融雪剤・土壌改良剤。更には人工林主体の中小径木時代が将来到来することを考え、集成材工場を建設し技術の確立と雇用の増を図ってきました。オガコや煙までも商品化にしてしまおうとする廃棄物ゼロの木材加工のシステムは全国各地から注目されています。

最近では、枝打ちをしたトドマツの葉を高温で煮て、蒸留することにより、純粋なオイルとウォーターを抽出し、エッセンシャルオイルなどの商品化に成功しております。このオイルを活用し、森林の持つ健康や癒しの需要を捉え、町内に森林NPO法人が誕生し、森のコンシェルジュ、森のツーリズム、森のセラピーなどのソフト事業を中心とした森林サービス業の創造に広がりを見せております。

これら豊富な森林資源を基盤とした森林組合を中心にした一連の取り組み、そして多くの成果は、平成七年に北海道経済連合会の当時の会長である（故）戸田一夫氏が提唱した、「北海道における産業クラスター創造」。これを事実上実践したものでした。

産業クラスターとは、地域で競争力のある産業を基軸に関連する産業を「産・学・官」の連携により「ぶどう一個の実」から「大きな房」のように形成すること、言い換えれば地域の特性にあった産業の群れを（クラスター）形成することを意味します。わが町では、森林資源を活用した活動をさらに拡大するため、平成十年に道内で三番目の産業クラスター研究会を発足させました。森林資源を核として、異業種によるプロジェクトを組織し、町が資金支援をしながら森林・林業をはじめ農業、商工業の関係者により、地域経済のシステムづくりを目指す活動が続いております。

先ほどご紹介した森林を生かし活動するＮＰＯ法人などもクラスター研究活動の取組みの中からの産物であります。平成十四年には新たな産業づくりを目指すため、第三セクターであるふるさと開発振興公社に「クラスター推進部」を設置し、町の職員二名を派遣するなど体制の充実・強化を図っております。このクラスター推進部のコーディネートにより建設業の農業参入もはじまりました。

建設業界は、各地で公共事業の削減が続き非常に厳しい運営が続いておりますが、昨年九月、農地法などの改正により、農地のリース方式による株式会社の農業参入が認められました。これを機に地元建設業者三社が施設栽培への取組みを開始いたしました。道の農政部によりますと農地法などの規制緩和後、道内で最初の取り組みのようです。農地については町が用意して賃貸という形で貸し付け、地元農家の技術指導を受けながらトマト栽培を中心に生産の拡大を目指しております。

下川では夏の寒暖の差を生かした甘味の強いトマトを栽培しており、町営の加工所でトマトジュースの生産を行っております。近年、関東、東海地方への販路が拡大して原料不足の状態であり原料の確保をはじめ、建設業の事業拡大や農業の担い手不足による荒廃地対策としても期待がかかるところです。

このようにクラスター推進部を中心として資源循環活用型産業への転換を図るため、情報や技術、資金、人材などをつなぎ合わせ産業間の連携により地域の経済発展を目指しています。

さて、豊かな森林づくりのためには、森林が環境に配慮され、社会的な利益につながり、そして経済的にも持続していくものでなければなりません。

日本は、世界最大規模の木材消費国であり、木材の輸入国でもあります。国内で消費する実に八割は海外からの輸入に依存しています。日本は世界の森林資源を消費しているわけですから、世界規模で森林が抱える問題に対して取組んでいかなくてはなりません。

国連食糧農業機関（FAO）によれば一九九〇年から二〇〇〇年までの十年間で日本の国土の三・八倍の熱帯雨林が消失しているそうです。違法な伐採による木材が多く市場に出まわる事は地球的な環境問題にも直結いたします。

そのような問題を回避し、環境に配慮した適切な森林管理を進めるために環境・社会・経済のバランスに配慮した森林づくりを世界基準で認証するものとしてFSC（Forest Stewardship Council、森林管理協議会）森林認証があります。世界ではFSC認証を既に六十九ヵ国七百九十五件が受けており、近年急激な増加を見ています。森林の管理から加工・流通過程、そして消費者に渡るまでの経路が明確となり、製品には信頼の証として「FSC」ロゴマークを表示します。

下川町では、平成十五年に北海道で初めてこの認証を受けました。環境にやさしく、持続的に利益を上げられるかなど十原則五六の基準に合格して始めて認証を受けることができ、消費者の手もとに届くまで手を抜かない、徹底した管理が求められています。認証制度の導入によって一番成果があったのは、割り箸です。

割り箸は日本国内で消費されるものの（約二千五百億膳）九〇パーセントが中国製であり、森林の違法伐採や漂白・防腐剤の残留など多くの問題が指摘され、中国政府が生産を制限するなど価格が高騰しており、今後は輸入されなくなるのではないかとまで言われております。

割り箸の使用は、環境への悪影響を及ぼすイメージがありますが、下川町の割り箸は全て間伐材を利用し、漂白や防腐剤は一切使用していませんので、使えば使うほど間伐を促進し、森林の保全にもつながるものであり、下川の割り箸が、今、脚光を浴びています。

さらに日本国内では、二〇〇〇年に「グリーン購入法」（国等による環境物品等の調達の推進等に関する法律）が制定されていますが、政府は、今年の四月から省庁など国の機関で使う紙や木材製品などについて合法に伐採された木材を原料に使用していると証明されているものを購入する基本方針を閣議決定しました。合法性の確認方法などこれから具体的に検討されるの課題も多いわけですが、違法伐採対策への一歩であり、今後ＦＳＣ認証製品利用拡大への波及効果として大いに期待がかかります。

さらに森林の利活用として、木質バイオマスエネルギーという分野にも取り組んでいます。バイオマスとは、有機資源、生物資源のことで、木質バイオマスには樹木の枝、葉、幹や根などが含まれ、これらを利用して得られるエネルギーを木質バイオマスエネルギーといいます。環境を考えたとき、化石燃料は安価ですが燃焼と同時に二酸化炭素を排出します。しかし、樹木は、成長の過程で自分の力で二酸化炭素を吸収し、それを燃焼させることとなるため二酸化炭素の発生が増すことにはなりません（カーボンニュートラル）。下川町は森林・林業のまち、環境にやさしいまちとして取り組んでいますので、町内の公共施設の暖房などに木質バイオマスボイラーを導入しました。導入当初の試算では化石燃料に比較して少々割高となることが予測されましたが、原油価格が上がったものですから、思わぬ経費の削減につながっています。

今後も林地残材や未利用資源を効率的に活用できるシステムを構築し、木質バイオマスのさらなる可能性を追求していく考えです。

三つ目のキーワードが「森林資源の新たな価値の創造」です。地域での取り組みをさらに発展させるために森林資源から新たな価値を見出すことに力を入れています。下川町の持続可能な森林経営を支える仕組みづくりとして平成十七年四月に「下川町森づくり寄付条例」を制定いたしました。これは、森林に対する評価が、経済状況を背景とする中、単なる木材生産のみではなく、私たちの日々の生活や地球環境の保全・改善のためのものであるとの考えを広く理解していただくことにあります。

下川町の森林づくりに賛同された全国の方々から一千万円を超える寄付をいただいております。一口一万円であり、一万円の寄付金と町の負担金などを合わせると〇・一ヘクタールの植林が可能であり、これは、私たちが年間で呼吸により排出する二酸化炭素、十一人分を吸収するとのことであります。二酸化炭素の吸収は地球温暖化の防止につながります。温暖化は様々な気候の変動をもたらし、各地で悲惨な災害などを引き起こす要因となっています。

昨年二月、京都議定書が発効され、日本は、温室効果ガス排出量で一九九〇年に比して二〇一二年までに六パーセントの削減が義務づけられ、その内三・九パーセントを森林による吸収が認められました。森林による吸収分を各国の排出量から差引くことを認めたことは、石油など化石燃料を使う量を減らさなくてすむため、産業界などから注目を集めています。

このように森林の持つ多面的な機能は認められつつあるものの、その機能に対して適正な評価があってしかるべきと考えます。また、三・九パーセントを森林で吸収する部分が、すべて国有林であるかのように聞こえてきますが、その森林の半分は民有林であり、公有林です。それらは私たちが自前でお金をかけて整備してきているのですから、民有林なり公有林が吸収して削減している分を、何とか評価をしてほしいと考えていますし、私たちは、その情報を発信し続けるべきであると思います。そこで、今年、全道の市町村に呼びかけ「森林吸収量を活用した地域経営に関する政策研究会」を立ち上げました。全道三十七の市町村から賛同をいただき、現在、活動を進めております。森林による吸収は、樹種や樹齢またその管理状況などで大きく異なるため算出の方法は複雑であり、今後検討しなければならない課題がたくさんあります。しかし、多くの森林所有者が、自らの森林整備に意欲を高めるためにも、森林の持つ多面的な機能に適正な評価を得られるような研究をしてまいりたいと考えています。

例えば二酸化炭素の吸収源として森林の持つ機能が市場に乗ることになれば、都市住民の方々にも農山村の存在価値への理解が深まるものと考えます。都市部の方々に森林の役割についてもっと知っていただき、森林の価値をもっともっと評価してもらいたいと考えております。

多様な価値の探求

森林・林業を取り巻く環境は、誠に非常に厳しいものがありますが、下川町は、これまでの歴史を振返っても、地理的な条件などからも森林・林業を蔑ろにしたまちづくりは考えられないわけであります。この資源を最大限活かし、森林管理を中心とする一次産業から地域材加工等の二次産業、さらに販売や森林サービス業の三次産業までを一体的に地域で行うことができる仕組みと産業間の連携を図りながら、重層的な経済をつくり波及効果を高めることが、町の将来への道を切り開くものと信じております。

最後になりますが、私たちの住む地域には、大都市などで失われたたいへん重要なものがあるはずであり、そのようなものが地域の価値となり、魅力となることが多くあります。自分達の住む地域でほんとうに大切にしなければならないものは何なのか。誇るべきところが何なのか。そのようなものに如何に気づく事ができるか、そして、そこに多様な価値を見出し、時間をかけて取組むことがこれからの地域づくりの鍵となると考えます。

これからも、下川町の資源や魅力の価値を多くの人に知っていただき、地方・山村としての役割を十分に果たしていきたいと思います。私たちはそういう立場にあるということをしっかり考え、広く都市住民の方々にも理解していただけるような共生社会を目指そうと考えております。

以上で私のお話とさせていただきます。参考になったか分かりませんが、長時間ご清聴いただきまして感謝申し上げる次第です。ありがとうございました。

講演Ⅱ　蘭越町―

公開・参加と人に優しいまちづくり

宮谷内　留雄（蘭越町長）

最初に取り組んだのは町民の声を直接聴くこと

私がこれからお話しすることで、少しでも皆さんの刺激になればと思っております。

私が町長に就任して最初に取り組んだのは、町民の皆さんの声を直接聴くことでした。まず、「ふれあい電話」と「ようこそ町長室」を基本に考えました。「ふれあい電話」は、二ヵ月に一度、私が町長室で午後六時から八時まで町政全般について幅広い意見や要望を電話で受けて、町政に反映しようとするものです。それはどういうものかと申しますと、町政懇談会など人前でしゃべれない、話すことが苦手な人でも私と一対一の電話でならそんなにかしこまらずに話してくれるし、率直な意見を伺うことができるという仕組みです。「ようこそ町長室」は、原則毎月二十日の午後一時から三時まで町長室を開放して、意見や要望を伺っています。これらは広報で毎月お知らせするほか、町内では電話回線を利用してオフトーク通信を行っていますので、それを通じて随時アナウンスもしております。今年でちょうど十八年になりました。

ここで「ふれあい電話」のやりとりを少し紹介させてください。住民の方で体の悪いおばあちゃんが、私に電話を絶えずに掛けてくるんです。私は「おばあちゃん、この電話、ほかの人からも来るからあまりそんなに頻繁に掛けたら駄目だよ。本当に困るときだけだよ」と声を掛けます。あるいはお嫁さんの悪口を言う人もいて、「おばあちゃん、それは私だからいいけれど、他人に言ったら駄目だよ」とこのような内容でも丁寧に対応するよう心がけています。一番困るのは、受話器を取った矢先に大きな声で「町長」と厳しい声が聞こえて来るときです。その時には、「お父さん、お父さん、電話を保留にしてちょっと待ってね。電話番号と名前を教えてね」と言うことにしています。相手は「保留とはなんだ」と言ってきますので、そういうときは「お父さんの先に電話が来ているのを私は今受けていて止めてある。先にそちらと話をしなければいけないから電話番号と名前を教えてね」と言います。すると大概自分の電話番号と名前を言うので、次にこちらから二、三分後に掛け直します。実はほかの電話が来ていないときもあるのですが、そうしないと感情的なまま話が始まってしまいますから、少しの時間をおくことでトーンダウンして穏やかに言ってくれるようになります。私はこういう心掛けで続けて参りました。

次に、「町政懇談会」と「お茶の間懇談会」についてお話をさせていただくと、町民の皆さんと直接ひざを交えて意見を聴くという町政懇談会、お茶の間懇談会は、毎年十四回前後、地域の人たち、団体の方々と行っております。この種の懇談会はどこの町でも開催していると思いますが、私の町では十七年間続けていて、毎年、町民の一割近い六百人前後の方が参加してくれています。

なぜ多くの町民に参加いただけるのかというと、蘭越町の町政懇談会は十一月から一月まで、新年度予算ができるまでの期間に開催しています。また、開催する日程については役場からあらかじめこの日にやりますというような設定をせず、希望する日を住民の皆さんから申し出いただくようにしています。希望は土曜日や日曜日、夜の時間帯が多くなりますが、担当課が調整して出向きます。町民も「来てくれ」というのですから、三人や四人ということはありません。町内会や団体の方がたくさん集めてくれるわけです。

また、町政懇談会の会議の進め方ですが、まず町から説明を行います。例えば、「今年の予算はこうだ」、あるいは財政の問題で「うちの借金は、町債はこれぐらい残高があります」とか、難しい話ですが「経常収支比率の全国平均はこうだが、うちはこうです」という内容で、資料を配付して、職員がパソコンによるプロジェクターを使って、担当課長が説明していきます。

そして、特に医療費や年金の問題など改正点があれば説明をし、個別具体的な町民の意見や要望があれば伺っています。さらに、それらのやりとりなどはすべて録音をするようにしています。

住民の声を政策に反映するシステムづくり

次に、「女性の目から見たまちづくり討論会」を平成二年から実施しておりまして、こちらも今年で十七年目になります。これは、女性は日常生活の中で、子育てやごみの問題、環境や学校、保育所の問題など、男性よりもより生活に密着した身近な課題が多く取り上げられておりまして、直接女性の方からお話を聴くことで、生活者の視点で町政を進めようとするものです。

また、子どもたちの話を聴くために「小学生サミット」「中学生と町長が語る会」「高校生によるまちづくり議会」を行っております。「中学生と町長が語る会」は今年の九月一日に開催したのですが、十五人の定員に二十人の応募がありました。生徒が「なぜ二十人ではいけないのか」と言っていると、校長先生からお話をいただきましたので、二十人全員に参加いただくようにいたしました。子どもたちは私ども大人と違いまして、既成の経済価値や実現性、あるいは先入観が全くございませんから、自由な発想や理想で発言してくれます。私は子どもたちからいただいた意見を大切にしながら、町政を進めることも必要だと思っています。

さらに、町政に対する意見を気軽に寄せていただけるよう町長への速急便「承り箱」を役場の出張所や公民館など人の集まるところに設置しています。寄せられた意見は毎月月初めに回収し、私に直接届くようになっています。意見に名前が記されているものには、文書で回答するようにしています。

私が、こうした対話と住民参加、さらには情報公開による町政を基本として進める上で重要だと思っているのは、住民の声がきちんと行政に届くということです。そして、それを政策に反映させるシステムを作ることであると思っています。行政が住民参加のシステムを工夫し提供することで、住民が行政との関わり方やまちづくりを考えるようになって、行政に対する親近感を生み出すのではないかと思っています。

財政の情報公開による住民参加

次に、情報公開による町政の取組についてお話をしてみたいと思います。

まず、決算書についてですが、私は三つの役割があると思っています。一つは決算書によって住民等に対する行政活動の説明、報告の役割を果たすということ。二つ目には町が行政活動を行うにあたって必要な情報を提供する役割を持っていること。三つ目は住民が行政活動にどのように参加するかという必要な情報を提供する役割を持っていると考えております。蘭越町の決算書は、私がちょうど財務係長だった昭和四十四年から、備考欄に決算の細かな内容を書き込んで、決算の内容が容易に理解できるようにしておりまして、町民に分かりやすい決算書だと評価を受けております。

また、予算について、蘭越町では平成二年度から予算概要書を作成しておりまして、町内全世帯に配布し、主な施策やまちづくりの概要説明を行っております。予算は直接住民生活を左右し、福祉のいかんを決するものですので、納税者である住民に理解を求めることを念頭に取り組んでいます。

さらに、平成十一年九月に民間企業が決算に用いている貸借対照表（バランスシート）を導入することを決めまして、平成十年度決算分から実施し、これも全世帯に配布しております。貸借対照表を全世帯に配布するねらいは、将来にわたって公共サービスの提供を可能にする「資産」が町にどのくらいあるのか、これに対して、町が将来に返済すべき債務である「負債」はどのくらいあるのか、その結果、差額として後世代が受け継ぐべき公有財産の実質価値「正味財産」はどうなっているかといった実態を理解してもらうことにあります。当時、貸借対照表を自治体で導入したのは全道では初めてでしたので、新聞各社で取り上げられました。今では一般会計の外に、すべての特別会計と土地開発公社の決算を連結させて行っております。

今年の四月二十四日には、この取組に注目した総務省から、新地方公会計制度研究会で公会計整備の先進事例として大分市の臼杵市、新潟県の上越市、長野県の南箕輪村、そして蘭越町の四市町村がヒアリングを受けまして、蘭越町からは私が出席し意見を述べました。その際に、慶應義塾大学教授でこの研究会の座長でもある跡田教授から「総務省が平成十二年頃に出したマニュアルと、導入してみて、実際どのような問題があるか」という質問がありましたので、私は簿記の専門家ではありませんが、独学で勉強したこともあり、次のことをお話ししました。例えば総務省の出したマニュアルは固定性配列法を採っています。貸借対照表の配列方法には流動性、固定性という二つの方法があるのですが、固定性は固定資産と資本及び固定負債との関係を明らかにするのに便利なのですが、私たち自治体の公会計はいわゆる現金主義ですから、毎日伝票が動いている。私は、利益には関係ないけれども、多くの企業が採用していて、流動資産で流動負債を支払う能力を明らかにするのに便利な流動性配列法が正しいのではないかと申し上げました。

それから、「三年後に各市町村で損益計算書、貸借対照表を作れますか」と聞かれました。簡単に申し上げますと、私は困難だと言いました。なぜ困難かというと、今私たちが行っている公会計というのは支出の区分が二十八節あって、それを職員が暗記して仕分けしています。ところが、企業会計である貸借対照表は先ほどお話いたしましたように概念が違いますので、これから三年間で住民や職員に理解させるには大変な労力を必要とします。職員は優秀ですから時間をかければ理解できるとは思いますが、自治体は職員数削減で大変なのに、内部で教育しても、果たしてどれだけの効果が上がるのかと発言しました。

蘭越町行財政再構築プラン

蘭越町では平成十三年度から主な公会計、公共施設につきまして、行政評価を導入しています。私から申し上げるまでもなく、これまでの行政評価はどれだけのコスト、つまり予算や職員を投入したかというインプットと、どれだけのことを行ったかというアウトプットだけでした。しかし、これからはどれだけの効果をもたらしたかというアウトカムを評価する時代になりました。それと同時に、住民に対して、予算や職員を使ってどのように成果を上げたかという説明責任の上からも行政評価をやっていこうということで進めております。

次に、「行財政再構築プランの策定」についてお話いたします。平成十五年に旧合併法に基づきまして、本町は羊蹄山麓五カ町村で構成された法定合併協議会に加入して、約一年間に及ぶ議論をしました。私は住民の意思を最大限に尊重することを基本スタンスとしていましたので、協議会に参加している間は、合併した場合のまちづくり構想と合併しない場合のまちづくり構想の両方を住民の皆さんに幾度も幾度も説明会を開いて説明いたしました。また、町広報では二年三カ月の間に二十七回にわたって連載し、合併とはこういうことだということを説明して参りました。

この合併問題については、多くの方から「もうこの辺でいいよ」と言われましたので、私ども理事者と議会と住民がお互い情報を共有できたと判断しまして、本町独自に住民アンケート調査を実施した結果、合併に反対が約五〇パーセントを占めまして、私は熟慮に熟慮を重ねた結果、当面自立の道を歩むことを選択しました。しかしながら、地方交付税の削減、国庫補助金の削減という状況下で、また三位一体改革の荒波が押し寄せる中で、本当に蘭越町の行財政を継続していくことが可能なのか、悩み続けました。

そこで、財政的に住民に対して責任が持てる計画を策定しようと考えまして、私は若手係長四人を指名してプロジェクトチームを結成させ、今後の行財政の道標、指針となる計画を策定するように指示をいたしました。四人で何度も何度もシミュレーションを重ねまして、管理職会議、それから一般職員に説明をいたしまして、修正を加えながらも平成十七年の四月に完成したのが「蘭越町行財政再構築プラン」でございます。

このプランは基本方針と実施計画の二本立てで、五十六ページから構成されておりまして、期間は平成十七年度から二十三年までの七年間でございます。そのうち、平成十七年度からの三年間を重点推進期間と位置付けて取り組んでおります。

このプランでは、内部的な削減策の取組として、これがいいことかどうか分かりませんが、まず議会議員の皆さん方にもお願いし、議員の定数を十四人から十人にするよう議会に議決いただきました。また、特別職や一般職の給与の削減、それから退職者の不補充によって職員数の削減と人件費の削減に努める。あるいはエレベーターを止めるとか、そのようなことまで約百項目の削減を実施いたしました。まず、自分たちの身の回りから削減して、住民の皆さんに協力していただこうという形で進めました。

その後、外部的に削減させていただいたことは、今まで各家庭の道路の除雪は幹線道路から五十メートル以上だと無料ということで行っていましたが、多少の負担をしてくださいというお願いをしました、各種使用料についても見直しをしました。さらに住民の皆さんに対し、「自らの手で実施できるものは、自分たちで実施してほしい」ということで、アダプト（里親）制度などを積極的に推進するようにお願いし、徐々に住民の理解を得てきているとお話ししていいと思います。

さらに、将来にわたる財政負担の過重を避け、プライマリーバランスの黒字を維持するために、地方債の上限を決めまして、現在ある償還額を半分以下にするための数値目標を掲げ取り組んでいます。

さらに、このプランの精度を高いものにするために、毎年見直しを行っております。

このプランは、町長としては有権者に負担を強いることになりますので非常に実行しづらい面があります。しかし、係長四人には「私に構わずに将来に責任を持てるものを作ってください」と指示したわけですから覚悟の上で臨んでいます。ただし、私の町長就任当時からの基本理念である社会的に弱い立場に置かれている方に対する福祉施策については、枝を切っても幹は残すようにあらかじめ指示をし、今もそれは守っております。

このプランを作成した四人の若手係長には、この難問題に果敢に挑戦してくれたことに感謝していますし、この経験は本人たちにとってもよい経験になったと思います。また、本町の将来にとって、このような人材は大変な財産になると思っています。

水稲育苗センターを町で直営

さて次は、蘭越町の産業を通してのまちづくりについて例を挙げてお話いたします。蘭越町は水稲が基幹産業です。らんこし米は、昭和六十三年に北海道農産物協会による販売戦略上から見た北海道の稲作の地域分会におきまして、稲作産地としては総合評価はもちろんですが、販売評価におきましても最高の評価を得ました。さらに、平成五年の北海道米品質問題研究会による「きらら三九七」などの産地品種銘柄評価におきましても、最高品質に該当するAランクに位置付けされています。

しかし、蘭越町でも年々進む農業従事者の兼業化や高齢化は、振興作物の導入拡大を図る上で、農家人口不足が深刻化しておりまして、担い手不足という大きな問題が生じております。水稲の播種作業というのは春先に一番苦労が多い労働でありまして、このため作業の省力化、コスト低減を図るための育苗施設の設置を望む声が一段と高まりまして、平成七年度と平成八年度の二ヵ年継続事業で「水稲育苗センター」を建設いたしました。規模は育苗部門二千五百二十平方メートル、土保管庫三百平方メートル、付属試験用温室三百二十四平方メートルで総事業費五億六千三百万円をかけました。完成後は町が直営しておりますので、職員の手で各種の作業を行っております。今年で十年目になります。四月の初出荷の際には私も施設に出向きまして、苗の出来栄えを見ながら、職員の労をねぎらいます。出荷の最盛期には、一般職員のほかに担当の産業経済課長も、寝ずの番で作業に当たっていまして、今年も四百十六ヘクタールの面積に作付けする十四万五千六百五十二枚のマットを供給しています。作付けには十アール当たり三十五枚のマットを使用しますが、町は一枚二百三十円で提供しております。

開始当時は、米作りに対して全くの素人である役場の職員が苗作りに当たるのは相当不安がありました。私自身も苗に適した土作りが分からないわけで、すごくいろいろなところで言われました。失敗すると田植えが遅れていきますし、保険は掛かっていませんので大変なことになってしまいます。そういうことを考えると大変不安でしたけれども、職員の努力と農家の皆さん、関係機関のご指導により、これまでやってくることができました。

それから、採算についてですが、育苗施設には嘱託職員を一人常駐させておりますが、育苗作業の期間は長くて三カ月です。それ以外の期間は、山土を持ってきて乾燥土を一万円で売る。あるいは花壇に植える花のプラグ苗とポット苗を今年も十六万四千本供給しております。それによって総体的に採算が合うようにしております。

二つの温泉施設を経営

蘭越町には七つの温泉郷がございまして、町営では交流促進センター幽泉閣と国民宿舎雪秩父という二つの温泉施設をそれぞれ特別会計を設けて、独立採算方式で経営をしております。幽泉閣につきましては、昭和二十三年から町が直営で経営しております。平成九年六月に温泉施設の建て替えをしまして、翌十年八月には宿泊棟、駐車場などを整備しまして全面オープンし、入浴、宿泊共に順調に営業しています。雪秩父につきましては、昭和四十一年に建設し、こちらもまた直営により現在に至っております。おかげさまで、両施設とも経営的には大変厳しい時期もありましたし、これからも大変だろうと思いますが、平成十七年度末の両施設の財政調整基金は幽泉閣で二億一千万円、雪秩父については国民宿舎ですが二千五百万円をそれぞれ積み立てております。私も総務課長の時期に七年六カ月ほど幽泉閣の支配人を兼務させられていまして、現在の幽泉閣の支配人も本庁から人事異動で発令しております。

私から申し上げるまでもなく、いま直営や第三セクターはどこも大変な赤字や経営悪化の状態です。このような中で、二つの温泉施設が先輩や現職員の努力によって経営を続けていられることについて、私は非常に誇りに思っております。また幽泉閣に、先程も申し上げました「承り箱」を設置して、利用者の意見を聴き入れながら、改善など前向きに取り組んでおります。

公営あるいは直営に対する批判はどこのまちでもあるわけですけれども、私の町のように農業が中心で、また企業が少ない町では一つには雇用の場の確保として役立っています。雇用状況ですけれども、幽泉閣には正規職員が七人、臨時職員がパートも含めて十六人います。雪秩父は五人の正規職員と五人のパートがおりまして、この二つの施設で総勢三十三人の雇用に繋がっています。

二つ目の役割としては、食材の地元調達で町の経済に少なからぬ役割を持っていると思います。それはどういうことかというと、お米やお酒は回し分担で買っていますし、お魚や肉も他から買ってきた方が安いのですが、ほとんどが蘭越町内から買うようにしておりまして、町内循環の仕組みができております。

三つ目は、町民がこれらの施設を町の顔として、自分たちの施設であるという愛着を古くから持っていることが挙げられます。さらに、職員がこの温泉に派遣されますと、一般職の行政職員では経験することのできない、すなわち「自分たちの給料は自分たちが稼ぐ」という意識が養われるわけです。相手が役場の総務課長であってもお金を払っている方は厳しいものです。そういう接客業を通して、接遇が身に着くのではないかと感じています。

町内に二ヵ所の高齢者生活福祉センター

蘭越町も高齢化が急速に進んでいまして、高齢者率は平成十八年三月で約三〇パーセントという高い比率になっています。このような中でお年寄りはもちろんですけれども、誰でも安心して生きがいを持って暮らすことができるよう、高齢者対策は町の重要な施策の一つとなっております。

今からちょうど十七年前の一九八九年に、国の高齢者福祉十ヵ年計画、いわゆるゴールドプランが示されました。高齢者の介護基盤を緊急かつ計画的に準備することに伴い、一九九〇年から一九九九年までの十年間にホームヘルプサービス、デイサービス、ショートステイなど在宅サービスや特別養護老人ホーム、老人保健施設など高齢者の保健福祉サービスの整備目標が具体的な数値で決められ、高齢者生活福祉センターについては、全国で四百ヵ所の設置が計画目標になりました。

高齢者生活福祉センターというのは、高齢者向けに虚弱老人の介護支援や安心して生活できる住まいということで、デイサービス部門と居住部門が併設されていて、地域の住民との交流機能を総合的に備える施設です。

蘭越町では、平成三年に道内第一号として、目名地区に鉄筋コンクリート造り平屋建て千百二十七平方メートルを約三億八千万円かけて建設しました。また、平成十三年には昆布地区に町内二ヵ所目の平屋建て千百六十八平方メートルを約四億五千百万円で建設しました。

蘭越町では二ヵ所目の高齢者生活福祉センターの設置を契機に、給食ボランティアや入浴介助などのボランティア活動が一層盛んになりました。今年はこれらの活動が一つのかたちとして、七月二十九日から三十日まで蘭越中学校を会場に、障害のある方もない方も共に混ぜ合って生きていける社会の実現を目指そうという、障害児とその家族がキャンプを楽しむ「いけまぜ夏フェスin蘭越」が開催されました。このキャンプは毎年道内各地を会場に行われているそうで、本年度で八回目だと伺っております。障害児の積極的な活動を支援する会、特定非営利活動法人「にわとりクラブ」が主催し、障害のある子供たちとその家族百二十組と支援ボランティアの総勢約七百人が集まりました。

一泊二日の日程で中学校を拠点に行われたキャンプでは、障害児が普通なかなか入ることのできない温泉入浴体験や国民宿舎雪秩父の露天風呂を利用し、たくさんのボランティアからの支援を受けて温泉を楽しんでいました。また、体育館では押し花や味噌作り、手品など、障害児とその家族が一緒になって参加しておりました。さらに、夜の花火大会や翌日のミニ運動会もたくさんの笑顔があふれ、「食べる」、「話す」、「喜ぶ」を表現しながら、支援ボランティアが一緒に楽しむ姿があちこちで見られました。

参加者七百人分の食事の用意は町内の女性団体の皆さんが担当され、夏の暑さの中でイベントを支えてくださいましたし、お世話をした中・高校生、一般ボランティアの皆さんは、疲れを見せずに障害児への理解を深める貴重な時間を持つことができたと思っています。

花を通してのまちづくり

蘭越町では昭和三十八年から花いっぱい運動を実施しておりまして、古い歴史があります。当時の小林栄三郎町長がヨーロッパ視察から帰町した際に、「外国では、みんな自分の家で花を見るのではなくて、皆さんに見てもらう花を作っている。だから蘭越でも花いっぱいにしよう」と言ったことがきっかけで運動が進められました。当時は個々の農家でやってくれていましたが、現在は育苗センターの職員が空いている時間などに育てたケイトウなどをコミュニティー運動推進委員会が一本八円で買い取って、それを町民一人に一本一円という安価で提供し、町民の皆さんに自主的に植えていただいています。

外から来た人からは「蘭越町はエレベーターまで止めて経費を削減しているのに、なぜこんなに役場や公共施設の周りに花が贅沢に植えられているのですか」という質問をいただくことがありますが、決してお金を掛けているわけではありませんし、住民の皆さんが花壇の出来を競い合って、工夫を凝らしてやっていただいておりますから、素晴らしい物ができあがっているのだろうと思っています。行政の側としても、住民の皆さんの励みになるよう、あまりお金はかけられませんが、花壇コンクールや花いっぱい運動功労者顕彰表彰、フラワーマスターの認定などを実施して、こういった取組が継続するようにサポートしております。

花づくりを通して、心の優しい、本当に思いやりのある人たちを育てていきたいという思いで、取り組んでおります。

以上、実践の一端をご紹介させていただきました。この実践談を聴いて何か感じ取っていただければ幸いです。ご清聴に感謝いたします。

ありがとうございました。

講演Ⅲ　白老町――

「北海道にある元気まち」の実践

見野　全（北海道監査委員）

戦後の成長を支えた三条件

私は今日、職員も首長も議員も住民も意識改革が必要だということをお話したくて参りました。しかし、過去のことについては否定するものではなく、過去を肯定しながら意識改革をしていかなければなりません。そういった意味で白老町長として私はどうしたかということに視点を当ててお話をさせていただきます。

私は昭和十五年生まれです。昭和二十年八月一五日に終戦を迎えてから、世の中ががらっと変わっていきました。その戦後の日本を支えたものは、一つは敗戦によって今後日本をどのような国にしていかなければならないか、明確な目標を立てなければいけないときに、欧米先進国をモデルにして取り組んだこと。もう一つは成長のための財源について、朝鮮戦争による軍事特需を契機とした右肩上がりの経済成長。さらに私は昭和三十八年に入社しましたが、給料がどんどん上がっていった時代です。国もいくらでも金がありました。それからもう一つは、成長期の社会を支えるための効率的な行政機能が培われたことです。

いわゆる戦後六十年から得たものは、これら三つの条件と相まって一つの時代が形成された、豊かさです。

それが現在はどうなったかというと、明確な目標について向かって取り組み、豊かになったけれども何か心に寂しさがある。貧しいところから豊かになろうという目標はあったのですが、豊かになったら次の目標がなかなか見いだせない。いわゆる目標の喪失状態になっています。

また、豊かでたくさんのお金があったのですが、現在は経済成長がならず、いわゆる財政の制約になってきました。国にもないから地方にもお金がない状況になっています。

効率的な行政機能は、潤沢な財政の下で右肩上がりの国策の中で培われてきたものですから、豊かになった現在は簡単に申し上げますと行政の肥大化に陥っています。ここでいう豊かさはお金ですから、生まれてから死ぬまで、隣で猫が死んで犬が死んでも、全部行政で行うようになってしまった。本来国民が自ら行っていたものを行政に行わせる代わりに得た時間を生産に充てる。国もそれを奨励していました。しかし、当時はそういう人間が必要だったのです。

前段で申し上げましたが、そこで過去を否定するのではなくて、その時代はその時代で最上の方法でやったことだと私は思います。しかし、時代が変わったのですから、皆さんも少し変わっていきましょう。建設的な意見を述べ合って一つのかたちにしていく、一つの像をつくっていくことが必要ではないかと思います。

先ほども申し上げましたが、日本は経済的にも豊かになって行政の整備もされました。当時の目標は達成されたのですから、これからの日本はここで目標の転換をしていかなければなりません。その転換の視点は三つあって、一つは日本社会の転換と、日本人の思想の転換、幸せの定義を変えていかなければいけないということと、もう一つは、公の範囲の転換です。

地方分権という言葉をよく耳にします。これは平成十二年四月一日に地方分権一括法が施行され、実質的にスタートしたものですが、この言葉の意味として一般的に言われるのは、「事務の分権」「お金の分権」「財源の分権」の三つでしょう。私はこの三つのほかに「意識の分権」が欠けているのではないかと考えています。結論から申しますと、みんな中央集権に馴染まされてしまっているのではないかということです。霞が関と永田町に情報とお金と人材が集まって、そこで全部コントロールをし、そこから各地方に指示が伝わることが効率的な行政運営だと考えている。ですから、今も発信がすべて中央からになっています。

今政治の世界では、小泉さんも安倍さんもそうですが、官僚政治から官邸主導でものごとを考えていきましょうと言っています。しかし今は全部、高級官僚がすべてを握っていて、官僚が政策をつくり、代議士が族議員というかたちになっていますから、それを解体して、政治家自らが主導権を持って政策を立てていく。そういう時代になります。今日は会場に議員さんもおられると思いますが、議員さんのお立場も大変重要だと思います。

今はまさしく明治維新、昭和の改革維新に続く、平成の改革維新です。この改革の時期をいいかたちにしていくことが、ここにいるわれわれの後輩に対する責務ではないかと考えます。

ＣＩとまちづくり

それでは白老町ではどうだったのか、お話ししたいと思います。私は大昭和製紙（現日本製紙）に入社しました。学生時代から野球をずっとやっておりまして、行政といったものには疎かったわけですが、疎いから案外新鮮な目でものが見えるということでもあります。私は当時、青年会議所に所属しておりました。青年会議所にはこの土曜講座のようなの勉強会があり、私は「ＪＣ学校」と言っていましたが、大学を出ていない方もＪＣ学校で学んで卒業することによって、自分の足りない部分を補っていました。私もそこで、政治や行政について勉強させていただきました。そこで感じたことは、役場の職員のものの考え方と町民の考え方のズレです。

役場の人は中央省庁でつくったものや道庁でつくったものを粛々とやっていればよかった。言われたことをやっているだけで、それが一番優秀な公務員だった。しかし、町民から見るとそうではありません。「俺たちの意見はどういうふうに通っているんだ。」「われわれが納めた税金はどのように使われているんだ。」とそういうところが聞きたいわけですから、指示されたまま仕事をしていた役場の人とはギャップが出てくるのは当然でした。

選挙にあっては、やはり票の多いほうに重心を置きますから住民の意見を大事にしたわけです。今で言えば納税者の立場、あるいは生活者の視点に立って政策をつくり、町を運営していくことが大切ではないかと訴えました。

おかげさまで、この職をいただいたわけですが、就任して役場職員と住民との間のギャップが想像以上に大きかったことに驚きました。これはやはり意識改革をしなければならないと考え出したのが「CI」です。

私は企業にいましたから、CIはコーポレートアイデンティティのことで、企業の独自性を確立して、組織の内外に理解していただくことです。白老町は企業ではありませんので、コミュニティアイデンティティとなります。このCIを活用させていただきまちづくりをしていこうと考えました。地域の個性「白老らしさ」をどう出していくか、つまり宝探しです。町にあるもので眠っているもの、ちょっとでも芽が出ているもの、そういう宝となるものを探しながら、白老町にあるものに光を当てていく必要性を感じたわけです。そして、白老らしさとは何かをまち全体の共通認識とするために、当時で言えば住民参加、今で言えば協働を政策の中心に置いて、これを徹底して行いました。そのためにはまず職員が変わらなければ、住民意識を変えることには繋がりません。

職員に意識改革させるために一番大切なのは、先ほどお話しました行政文化を理解する必要があります。今まで職員は十八や二十二歳から役場に入って中央集権の中で一生懸命やってきたわけですから、私が来た途端にがらっと変わってしまうのは面白くないでしょう。彼らがやってきたことを頭ごなしに否定せず「皆さんがやったことはその時代に合ったことで本当に立派で、こんにちの白老町をつくってきました。」と敬意を表したあとに、「新しい時代になり、新しい人間が来たのですから、ぜひ新しい考え方にも耳を傾けていただけませんか。」と諭すようにしました。

また、意識改革のために「私たち、変わります」と書いたプレートを職員の皆さんに付けていただき、住民の皆さんの目に留まるよう工夫し、住民の目線を意識させるようにしました。そうして、少しずつ軌道に乗せてやってきました。

北海道にある元気まち

私は町民の幸せが第一ですが、そのためにはまずまちづくりのエキスパート、人材を育てることが必要だと思います。ですから私にとって役場は役場ではなく「人をつくるところ」として考えておりました。白老町は人をつくる会社、パーソナルアイデンティティ、ＰＩと言いましょうか、これが私の最終の目標です。そのために役場の職員も、議員も、町民の皆さんも勉強したければ大いにしてくださいというスタンスで望みました。今日いらっしゃる森先生、神原先生、佐藤先生にも何度も足をお運びいただきましたが、見識のある方々を招聘し、意識改革のための講演をしていただきました。やはり町には外からの風を入れないといけないと思います。そういった勉強することができるチャンスを多くつくりました。

また、お金には色々な使い道があると思いますが、私は白老町においては人をつくることに掛ける金だけはケチるなと言ってきました。これは十年、二十年、三十年というスパンで財産になるからです。ですから、私の考えで教育長の給料を収入役よりも上にしています。皆さんの自治体では大体、町長、助役、収入役、それから教育長の順に給料を定めていると思います。ちょっと横にそれますが、私は教育長の給料を収入役よりも高くし、銀行がきちんとあるわけですから、全部振込みにして、すぐに収入役を置かないことにしました。今では多くの自治体で収入役を置かないところが増えていますが、いち早く財政改革をしてきています。そういうところではきっちり経費削減を行い、人をつくることに首長が一生懸命になれば、自ら町全体の意識が変わってきます。

今まではまちをつくっていくのは、悪い言い方をすると中央の下請けの様でした。ただ事業をしていればいい。まさしく事業官庁です。考えるのは国で、仕事をするのは基礎的自治体という関係。私はこれは逆で、政策官庁は基礎的自治体でなくてはいけない。この辺の発想を変えていかなければならない。そのために人づくりが必要です。

また、住民側の事情として、白老町には六つの集落がありますが、そこには中心となる人物がいて、それぞれ異なった考え方を持っている。ですから、学校を統廃合など提案してもそれぞれの地域の事情を優先し議論が進んでいきませんでした。ですから、まずこの六を三つに統合した。統合に当たっても、このＣＩについて説明し、理解を得ることで可能となりました。

まちづくりの理念や方向性、言葉とか色、香り、そういう情報発信能力を高め、郷土に好感と誇りを持てる機運を醸成していく。首長の仕事は何かといったら、「この指とまれ」で方向を指すことです。私の場合、皆さんに分かりやすくするために「北海道にある元気まち」をキャッチフレーズを掲げました。ちょうどあのあと橋本総裁が「元気な自由民主党」なんて言っていましたが、うちのほうが早かった。人も元気でなくてはいけないし、産業も元気でなくてはいけない。自然も元気でなくてはいけない。キャッチフレーズのほかに、コミュニケーションマークというロゴも作ってそれを旗にしました。町旗とは別なものです。なお、町民の方でコミュニケーションマークを使いたい方がいらっしゃいましたら、使用者登録をしていただきます。これはどのくらい使用されている人がいるかを確認するためのもので、使用に当たって料金は発生しません。どんどん使っていただいて、まち全体で同じ方向を向いて取り組んでいく機運を高めていくわけです。

自治体経営という言葉

自治体の経営という言葉が最近よく聞こえてきますが、自治体経営ということはこれまでタブーでした。私が町長に就任した頃は、ある事業の実施に当たって担当者に原価を聞いたら、「町長、行政に原価という言葉はありませんよ。」と言われたことがありました。私は大昭和製紙で紙を造っていましたから、品質を下げずに如何に安く造るか、コスト意識を徹底して植え付けられています。安く造らなかったら他社に負けてしまいますから。しかし、役場にはコスト意識は無い状態でした。そこで自治体経営を言ったところでどうすることもできない分けです。ここでも、意識改革、人材を育成することと関係性があります。余談ですが、同じCでもコストではない、コミュニケーションのC、調整能力においては行政の方は長けていて、こっちの話をこっちに持ってきて、足して二で割ることは上手です。

さて、最近自治体においても顧客満足度という言葉が使われるようになりました。企業経営では消費者側が支払う対価に対して見合うだけの商品を如何に提供できるか、満足していなければ直接業績に響くわけですから顧客が満足しているかは非常に重要でです。役場にあっては、事業の実施が商品で、消費者が納税者だということになります。例えば、○○会館を造ったけれども、利用者はどれだけ満足しているか、建てただけではダメできちんと評価に繋げなくては顧客満足度と言っても意味を成しません。当然、良い評価であれば納税者も住民参加に協力的になります。

このように今までにない新しい政策を実行していくと住民の中から「こんな町長はまずいな」と言う人は出てきます。私は「それはあんたが悪い。私が悪いんじゃなくてあんたがそういう人を町長に選んだからこうなったんだ。」というくらいの気持ちでないと首長なんか務まりません。ただ、そう言えるのは二十四時間三百六十五日、本当に町のことだけを考えているからです。妻はまるで未亡人のようなものです。それだけの激務であり、集中力を持って職責に当たる。そのぐらいの誇りと責任、勇気を持たなかったら、こういう商売と言ったら失礼ですが、仕事はできません。町長になったら優雅にワインやブランデーを飲んでいるなんて冗談じゃありませんよ。私なんて焼酎です。町民と膝を交えて飲むときは焼酎ですよ。そうすると町民も大体「ああ、町長も俺と同じ酒を飲んでいるんだな」と親近感が湧いてきます。これも経営手法です。

また、自治体経営は首長が替わったからといって骨組みそのものが変わることにはなりません。顧客である住民が主体であるからです。私は町長を四期務めて辞めたのですが、新しい人になった時に色々な方から「これで見野さんのやったことはもうゼロだな。白老町はコケたな。」と言われました。ここで私に対する評価がどうであったかは別にいたしまして、私が辞めたら、「北海道にある元気まち」とかCIとか協働のまちづくりは崩壊するのではないかという心配があったのかもしれません。しかし、実際はそれらがゼロになることはありませんでした。新しい人が骨組みは継承しながら、自分の考えを加えてまちづくりをしています。住民が一生懸命努力して、まちづくりをしてきたということが身についているから、少々のことがあってもぶれることはなかったのだと思います。私はそのことを非常に誇りに思っています。

議員の役割

これまで、首長の役割や職員の意識改革のお話をさせていただきましたが、議員の意識改革についてもお話させていただきます。議員の皆さんには票の重みが十分あるし、選挙に勝ち抜いたことは大変なことで敬意を表します。しかしこれまでの議員の皆さんは、赤鉛筆を持って理事者が出した議案や政策に対して×を付けるか、◯を付けるかということに力を注いできたのではないでしょうか。議員の皆さんには議決権だけではなく提案権も担保されています。権利を大切にしていただいて、これからは理事者がつくったものがいいとか悪いとかということだけでなく、議員の皆さんが自ら超党派で政策提言をしていってほしい。議会制民主主義とはそうならなければいけないと思います。

聞いたところによると、全国的にみて地方の使えるお金のうち、議会関係に使うものは〇・六パーセント、九九・四パーセントは理事者側を含めて使われているのだそうです。ですから、議会改革の中で支出削減を行うのは難しい。議員の多い少ないを論じる必要はありませんが、議員の皆さんにとっての行財政改革は、一部利権者の利益誘導を監視したり、予算議決権の中で支出の適正を判断することなのだと思います。

それに伴う周辺のお金の問題やスタッフの問題、調査費の問題などは大いに議論して、議員の皆さんが働きやすい環境をつくっていけばいいんです。理事者側と議員が対等の立場で議論をしていく。予算の提案権はないにしても議員が、理事者側が提出する予算書と同じぐらいのものをつくっていける実力を備えることが議会の活性化に繋がると思います。そうは言っても理想論ですので実現は非常に難しいとは思いますが、議員の皆さんにはそのぐらいの思いを持って努めていただきたい。地方議会の活性化は分権改革の重要な柱であると私は思っています。

公私二元論から官共私三元論へ

協働という言葉が流行のように使われていますが、今まで、役所、北海道庁、国のいわゆる公と個人、私の関係、公私二元論で社会が形成されておりました。官共私三元論というのは、ＮＰＯとか町内会といった、市民によるコミュニティの共として公の仕事の範囲を官とシェアする三者で社会を形成するという考え方です。今、財政問題を含め行政の肥大化が問題とされ、国もＮＰＯ法や指定管理者制度など行財政改革のための仕組みをつくってきているところです。

そういった流れの中で、これからの行政の役割を考えていかなければなりません。ここで白老町の例をお話しいたしますと、私は役場が全部の仕事を行うのではなく、役場はまちづくりの事務局くらいの位置でいいのではないかと考えています。白老町には百八の町内会があって、二十八連合町内会があります。その町内会がまちづくりセンターになっていて、町民からいろいろな意見が挙がってきたら、そこで一端集められます。例えると情報の在庫、まちづくりの在庫です。それを地域で議論していただいて、私ども役場にはある程度優先順位を付けて上がってきます。地域の考えを参考にして予算化、政策立案していただきたいと住民の皆さんから要望される仕組みです。

また、要望だけではなくて、公園の草刈りのようなものは、「そういうものは皆さんでやってください。その代わり保険とガソリン代は役場から出しますよ。」といった形で地域の方お願いしています。地域でできることは地域で行っていただいています。ただし、それを担うのは高齢者が多いわけですので、参加しやすいようにサポートすることは忘れてはなりません。地域活動に生きがいを見出し、まちづくりに参加いただくことで体を動かす機会も増え、健康になりますから医療費はあまりかからない、負担が少なくなる。いいほうに循環していくのではないかと思います。

官も、住民にまちづくりに参画いただくのですから、きちんと役割を果たしていかなければなりません。とくに社会的弱者に対する安全網、セーフティネットを掛けなければならない。それから、これは尊い税金で事業を実施するのですから、情報公開はもちろん、使いみちのモニタリング、監視能力が必要で、さらにはその有効性はどうであるかを行政評価を活用していく必要があると考えます。

今では公務員の皆さんもずいぶん意識が変わっていますから、多くの方は自ら変わろうとする向上心をお持ちだと思います。これまでのただ言われたことをやっていればよかった、お役所仕事では務まらないのはみなさんわかっておられる。自分を変えるためには机上の仕事ではなくて現場に出てみなければ駄目なんです。町民と対話する。公務員で一番大事なことは人を好きなことです。人を愛せる人でなければ駄目です。そうではない人はなるべく早く違う仕事に就かれたほうが本人のためにもよい。社会的立場の弱い人と同じ目線でお話しして聞いてあげる。そういうことができる人でなければ駄目だと私は思います。

しかし、自ら変わろうとする気持ちを後押ししてあげたり、引っ張って行ってあげるための職場環境、雰囲気がなかなか整っていないのが現状だと思います。首長さんにはそういう役場の雰囲気づくりをしていただいて、職員ののびしろを狭めないでいただきたい。

皆さんもただ環境が変わるのを待っているのではなくて、事務処理は当然として課題を解決する能力を磨いて、知恵と工夫とチャレンジ精神で自ら考え創造して行ってほしいと思います。前例踏襲あるいは年功序列はもう関係ないと思います。夢を語れる公務員になってください。

繰り返しになりますが、国頼りでの短絡的な地域開発から、ハード、ソフトの両面にわたって、基礎的自治体が中心になり地域政策、地域経営を行うことが求められています。そのために人材を育て、地域の知恵を出し合い、協働する。協働によって地域を経営していくという姿勢が大事だと考えます。

つたないお話でしたが、何かの参考になればと思います。これでお話を終わります。ご清聴ありがとうございました。

《座談会》

北海道の先進事例に学ぶ

司会　佐藤　克廣（北海学園大学法学部教授）

討論者　神原　勝（北海学園大学法学部教授）

宮谷内留雄

安斎　保

見野　全

佐藤　今日の座談会のテーマは「北海道の先進事例に学ぶ」という全体のテーマと、それに絡めて土曜講座の今年度の最後の機会でもございますので、北海道の自治のあり方あるいは自治体の方向性についても若干の議論をお願いしようと思っております。

討論者の方それぞれのお話を聞いておりますと、北海道だけではありませんけども従来の役所は「金縛り」「独り善がり」「空回り」の三つの「り」があったということを改めて感じます。

「金縛り」というのは国や道の言いなりということです。言われた範囲内でしか物事を行えないという意識が強かった。それがそうではないとなると、先進事例をそのまま真似したらうまくいくはずだと行政の「独り善がり」になってしまう。うまくいかないと、俺たちがこんなに頑張っているのにうまくいかないのは住民が悪いからだ、議会が悪いからだ。そういうある種の「空回り」に陥ってしまう。お三方のお話はこの三つの「り」を解決しようとしてこられた成功事例だったと思います。

今日はこの場に神原先生にもご登壇いただいておりますので、まずは、各講演をお聞きになったご感想を、神原先生にお話いただきたいと思います。よろしくお願いします。

神原　今日のテーマは先進事例に学ぶということですが、私自身も随分と先進事例に学んできました。「先進事例」とは文字通り自治体の先駆的な営為のことですが、私は、そうした先駆的な政策や制度を開発したり整備する自治体を松下圭一先生のお言葉を拝借して「先駆自治体」という言い方をしています。先駆自治体が日本の地方自治に登場するのは一九六〇年代半ば以降のことです。都市型社会への急激な移行期で公共政策や自治体運営の課題が噴出して、それに果敢にチャレンジする自治体が次々と登場したわけです。次々と登場するその先駆自治体が牽引車になって自治体は全体として力量を蓄えたわけですが、この六〇年代、七〇年代を通して今日に通じる自治体の原型がつくられます。

こうして、それまで国のいうがままに動いてきた「下降型」の自治体は、この時期、国の政策をも転換する「上昇型」に転じたのですが、一九八〇年代以降には、自治体同士がお互いに政策やまちづくりの知恵比べを行う「競争型」が加わります。しかし、バブル経済の時代に入り、国が主導したリゾート開発が全国を席巻し、自治体はこれに巻き込まれていきました。自治体間の競争には違いないのですが、実態は模倣で、バブルが崩壊して多くの自治体がダメージを受けました。

私が北海道に戻ってきたのは、そのバブルの真最中の一九八八年でした。全道に百を超える官民の金太郎飴のようなリゾート計画があって狂乱状態でした。これはだめだ、どこかに着実なまちづくりを進めている自治体はないか、そう思って一生懸命に情報を集め始めたのです。そうしてたくさんの優れた自治体を発見したわけですが、下川町も白老町も蘭越町もそうした流れのなかで私が出会った自治体です。

下川町は大変過疎が進んだ町だったのですが、森づくりに町の再生を託そうと木炭の生産で注目を集めているという新聞記事を見て、さっそく下川町を訪ねて、安斎さんの前の町長の原田さんにいろいろと町を教えていただきました。先ほど安斎さんからお話がありましたが、木炭の生産などのために毎年五十ヘクタールの森林を伐採する。そして植林する。森林が育つのに六十年かかることを見据えて、「五十×六十＝三千ヘクタール」の町有林体制を確立すれば、全く自然環境を損なうことなく持続的・循環的な生産体制を維持することができるというお話でした。私は感激いたしまして、これこそが必然性のあるまちづくりではないかと思いました。

当時はすでに「内発型」のまちづくりという言葉がありましたが、私は先駆自治体を表す言葉として「必然型」を使うようになりました。つまり、その土地にしかないもの、その土地から去っていかないもの、その土地の掛け替えのない、外からの移入で代替できない、地域の固有の資源に依拠したまちづくりということです。人間、技術、産業、文化、自然、歴史、なんでもよいのです。

私は下川町にそうした目を養っていただきまして、それからその目で北海道の市町村を観察するようになりました。非常に優れた自治体が北海道にはたくさんあることがわかりました。統計的な数値とか平均値による比較でみると、遅れた地域だと思われるかもしれませんが、私の目に映る北海道はそうしたものではありません。マスコミ等で扱われているような意味での、あるいは北海道のなかを見ようとしない道民が持つような暗い地域イメージを私は持っていません。

次に私が考えるようになったのは政策の力点の変化です。時代が変われば自治体が行う政策もどんどん変わっていきます。ひところのようなハコモノを造ることが自治体政策だなどと思われた時代は遠く過ぎ去って、いまは政策を厳選してあまりお金をかけないで質を高める、微調整のまちづくりに移行しています。ハコモノはランニングコストで後々自治体を苦しめます。入り口だけをパスすればいいというような、そうした場当たり政策をやって、立ち行かなくなっている自治体がたくさんあります。

蘭越町は質を重視するまちづくりを進めてきました。合併協議に参加した自治体の住民が自分の自治体を評価したアンケート調査で、蘭越町はダントツに評価が高かった。蘭越町に行って私が感じるのは、今日お話にありましたように参加と情報ということです。住民の声を聴くということ、それを基本に特に社会的な弱者に配慮したまちづくり、それが自治体として最低限やらなければいけない仕事だと町長はいつもおっしゃっていますが、その着実な実践が住民から高く評価されているのだと思います。そして、財務についても、先ほどの決算のバランスシート、行政評価、これは国やほかの自治体が始める前から進めてきました。そういう意味でも先駆的な自治体運営をやっておられるというイメージを持っております。

三つ目にいいたいことは、特定の指導者に依存する自治体運営やまちづくりは市民や職員の知恵や活力を引き出せない、そうした持続性に欠ける、ということです。過去のまちづくりを見ますと、首長がリーダーシップを発揮して理念と指導力でぐいぐい引っ張っていく、そうした首長が三期、四期と続けていいまちをつくる。これが一つの先駆自治体の典型的なタイプだったと思います。しかし、首長を永遠に続けるわけには行きませんから、これだけでは限界がやってきます。

そこで自治体運営の仕組みを整備する必要があるわけです。白老町は、その仕組みづくりに力をいれてきました。見野さんのように首長の指導力にプラスして制度力によって民主的な自治体運営を行い、それを通して優れたまちづくりを行う。白老町の総合計画づくり、情報の公開、情報のファイリングシステムなどは恐らく道内では随一ではないかと思います。総合計画とリンクして財務や評価、公開や参加などの様々な制度を連動させるわけです。白老町は、今後ますます問われる制度力の問題に一つの模範を示してくれる町ではないかと思っています。

今申し上げた三つの論点は重なり合う問題です。現に下川町の場合には、よく整理された自治基本条例を議会で議論していますし、白老町でも制定過程に入っているようです。必然型のまちづくり、政策の厳選と質の整備、自治体運営における制度力、これらが結びついて、また自治体の力がついていくのではないかと感じております。

佐藤 ありがとうございました。それでは、今の神原先生のお話も受けながら四人の皆さんにいろいろとご意見を伺ってまいりたいと思います。

最初にお伺いしたいのは、そもそも今日お話しになった事柄は、神原先生のお言葉を借りると先駆自治体になろうとしておやりになったのかどうか。何がきっかけだったのか、どういう意図というか、どういう意識で、お話くださった事業なりをお始めになったのか、まずは、それをお伺いしたいと思います。

宮谷内 先駆自治体になろうと思って取り組んだとなりますと問題がありますし、私はそのようには考えておりませんでした。

先ほど少しきっかけをお話ししましたが、私は役場にいるうちで三十一年間、職員でした。その時は、私は町民の皆さんのことや町のことはよく知っていると考えていました。ところが、私が実際に選挙に出て、役場の職員でなくなった時、初めて厳しい話を言ってくれるわけです。

私がお話ししたいのは、私が蘭越町役場の職員であるときは、蘭越町という後ろ盾が私たちを力があるように見せてくれているということです。今もそうです。

公営企業に七年六カ月ぐらいおりましたが、盆も正月もなくて大変辛かった。タダの物を食べてと言うと喜んで、みんな食べてくれるけれども、お金を出した時の住民の感覚、あるいはお客さんの感覚はまた全然違う。そこには役場の課長や係長だという肩書なんか全然関係ありません。現場に行って初めて、造ることはできても売ることの難しさを学んだのです。

ですから、その時点では先駆けてやっているとか、先駆的だとかという気持ちはなくて、一つ一つ毎日毎日を積み上げていった結果なのではないかと思います。

佐藤　ありがとうございます。それでは安斎町長さん、いかがでしょうか。

安斎　正直言いまして、森林・林業に一生懸命取り組むことで先駆的な町と評されることになるとは思ってもいませんでした。しかし、先ほどお話しいたしましたように、このままでは下川町がなくなってしまうという状況の中で、原田前町長が森林・林業に向け炭焼きなどを始めました。当時、私は原田前町長の下、助役をしており、財布は私が管理していましたから、千八百ヘクタールの国有林を下川町が払い下げを受ける時に掛かる二十二億円の財源をどうするか頭を悩ませました。地域総合整備事業債を利用しましたが、交付税で算定されるといっても四〇パーセント程度ですから、十三億円の借金が残るわけです。果たしてこれは下川町の将来のためにいいのか。私も財政を長く担当しておりましたし、宮谷内町長さんとは比べ物になりませんが、小さな温泉の支配人も二年半ほど務めました。十円のお金を儲けるのがどれほど厳しいか。いつもそう思っておりますから悩みましたが、原田前町長の森林に賭ける思いに負けまして事業の実施に踏み切りました。私もかなり厳しいやり取りの中に身を置くことになりましたが、森林を買ったことは町にとって非常に良かったと思っています。

原田前町長さんの先見の明は素晴らしかった。それを我われ後を継ぐ者がしっかり育てていかなければならないと思っています。原田前町長さんは「森は光り輝く」という言葉を残しましたが、私はその森を光り輝くようにしていきたいと思っております。

私が町長になってからの感想として、先ほど見野さんから「人づくり」というお話があり、どんなに苦しくても職員の研修、それからやる気をつぶしては駄目だということでしたが、私も、職員のやる気と研修だけは一生懸命取り組んだつもりでおります。

これからもおごりを持たず、下川町が生きるための道は何かをしっかりと見極めていくことが大事ではないかと考えています。

佐藤 ありがとうございました。それでは見野さん、いかがでしょうか。

見野 私も先駆自治体になろうと思って取り組んだわけではありません。ただ、私はせっかく首長にならせていただいたし、縁あって白老町に住んでいる方、町職員になった方、議員になった方、そういう人たちの思いとは何か、そして、その思いに応えることのできる環境をどうつくったらいいのかということをテーマに取り組んできました。職員であれば、どこに行っても「さすが、白老町の職員ですね」と言われるような職員になる。議員の皆さんもほかの議員に会ったら、「いや、やっぱり白老町、大した議員だね」と言われる。町民も違った視点で住民参加して、「みんなで町づくりして風通しを良くしているんですね」と誇れる、認められる町になろうということです。白老町を誇れるまちづくりを一生懸命やることによって、この力を高め、さらに研鑽していければ、その目的が達成できるのではないかと思うのです。

神原先生からもお話がありました総合計画も、どこかの専門家に依頼すれば一番簡単ですが、そうではなく、基本は自分たちが作り上げる。ベースが無ければ積み木は崩れてしまいます。

また、ご紹介いただいた行政評価については、私は何も難しいことをやっていると思っていません。白老町では内部評価のほかに、住民による外部評価も取り入れております。PDCAサイクルで実施していけばよいわけですから、それがなぜできないのか。人事評価でも同じだと思います。

それともう一つ、自らが研鑽に励むことのほか、私はまちづくりをする上で、外からの風を取り入れるように心がけています。シンクタンクといいますか、助言いただく方のネットワークです。

住んでいる人が誇りを持てる町にしていきたいという取り組みが、人から見ればちょっと先んじてやったと言われているのかもしれません。評価いただいたことは大変ありがたいと思っています。

生きた自治基本条例

佐藤　ありがとうございました。皆さんそれぞれ、ご謙遜といいましょうか、当たり前と言えば当たり前ですが、別に先を行こうということではなくて、それぞれの地域の力を最大限発揮できるようにしようという思いで、いろいろな努力をなさってきたということだろうと思います。

まだいくつか、私がお聞きしたいと用意していたこともあるのですが、この講座に参加の皆さん方からたくさん質問をいただいておりますので、ここでそういった質問からいくつか選んでお聞きしたいと思います。

まず、自治基本条例についてどのような準備をなさっていて、それについて住民の皆さん方とどのように話し合いを進めておられるのかというご質問がございます。これも並んでいる順番で宮谷内町長さんからお願いします。

宮谷内　蘭越町では自治基本条例をまだ作ってはいません。神原先生にいろいろとお話は聞いて、必要なものだとは理解していますが、職員ともども、理事者も議会も、もう少し機運を待たなければならないのかなという気持ちです。というのは、蘭越町の近くの自治体で自治基本条例を作った町がありますす。自治基本条例によっていろいろな取り組みをされているようですが、自治基本条例を作ったということで住民が本当に幸せになったのかと思うところがあるからです。

まちづくりの究極の目的は、自治基本条例を作ってあげることよりも、そこに住んでいる人がどれだけ満足できる幸せな町なのかということです。先ほどお話があったように、住んでいる人が住んでいることに誇りを持てる。そして、町外の人がその町に行ってみたい、住みたいという町を目指すことが最終的な目的なのだろうと思います。

例えば、今の道州制のように権限移譲、財源移譲、規制緩和、国との二重構造をどうするかというのは手段です。北海道らしい資源と幸せ、そしてゆとりと豊かさのある北海道をどうつくるのかという目的があるのに、国の出先をどうするかという議論になる。自治基本条例も間違うと、「作ったらそれでいいんだ」となってしまうのではないでしょうか。そうではなくて、自治基本条例を作るときの過程、そして作ったら、それにどうかかわって幸せな町をつくるか。言葉が足りませんが、それが大事だと思います。

実は職員の中で思案したものがあるのですが、果たしてその何条かの条例ですべてそれがカバーできて、一番上にある憲法の言わんとしていることを組み入れて、日常生活に生かしていくことができるのか。それが大事なところですので、もう少し議論してからでないと踏み込めないという気持ちです。

佐藤　ありがとうございました。安斎町長さんの所では今、検討されているということなのでしょうか。

安斎　はい。下川町では、先ほど神原先生からお話がありましたように、自治基本条例はすでに六月議会に提案しており、継続審査となっています。（平成十八年九月二十七日可決・平成十九年四月一日施行）提案に当たっては神原先生に大変多くのご指導をいただきました。まず神原先生のお話を聞きながら、職員自らが下川町の自治基本条例はどのようにすべきか一生懸命考え、住民の方にわかりやすいものにしようと考えたわけです。

公募を含めた町民十人による自治基本条例策定検討町民会議を設置し、職員プロジェクトとの合同会議を中心に慎重な議論をしていただきました。極端に申しますと、文言の、「が」がいいか「は」がいいか。あるいは、その「は」にどのような意味があるのか。そういうことまで一生懸命議論しました。自治基本条例によって今までと違った行政とのかかわりが生まれるかなどが議論されておりました。

そして、議会に関する部分は、議会が特別委員会で議論し、議会として、議会の置かれている立場、議会はどうあるべきかを議論しました。

最終的に議会の考え方はこういうこと、町はこういうこと、町民はこういうことで最終案を　町民説明会を開催しお示しいたしました。そこでの説明も職員だけではなく、町民会議の会長さんと副会長さんが、町民の方からの質問に受け答えしていただきました。

こういった条例を作るに当り、町民の皆さんに積極的に参画していただくことで納得がいただけると思います。そして、今後の運用については、まだまだ未知数のものがありますが、この自治基本条例を活用しながら、さらに下川らしい地域をつくるため、努力していきたいと思います。

佐藤　ありがとうございます。それでは同じく、見野さんにもお伺いします。

見野　私が現職の時に白老町でもぜひ自治基本条例を作りたいとボールを投げておりました。衆議院議員の逢坂さんがニセコの町長の時ぐらいの話ですね。現町長が就任した平成十五年頃から具体的に検討しているようです。自治基本条例は非常に勉強が必要ですから時間がかかっていますね。スタッフの皆さんは大変苦労されていると思います。両町長さんが言われたように、やることは前から、私が相当前に話を受けて、職員は今言われたようにどこから言われても何でもないように、それをいかにして首長が思っているように広げていくか。スタッフの皆さんは大変苦労します。ですから、今お話があったように、まもなくできあがる（平成十八年十二月十四日可決・平成十九年一月一日施行）とは思いますが、それだけ時間がかかっている。内容もまた充実したものになってくるのではないか。期待をしております。

佐藤　ありがとうございます。自治基本条例と言えば神原先生にお話を伺わなければなりません。皆さんのお話には、恐らく二つの論点があったと思います。今作り始めている段階の自治体と、一方で、必ずしも宮谷内町長さんの本意ではないかもしれませんが、あえて対照的に話をすれば、基本条例を作ったからといって町がどうなるかが見えないので、様子を見ている自治体とがあるということになろうかと思います。この二通りの見方がありました。この点について神原先生のお話を聞きたいという方が多いのではないかと思います。よろしくお願いします。

神原 拙速は禁物です。この手のものはあんまり急いでやらないほうがいいということが鉄則でしょうね。急いでばたばたと作文条例を制定したのでは役に立ちません。関連条例の制定を基本条例で義務化していればそのあとの改革につながりますが、そうでなければ熱を帯びるのは制定するときだけで、一年も経ったら全部忘れてしまう。そうした「死せる基本条例」になっているところも結構あります。だから、蘭越町さんは非常に慎重ですね。すごくいいことだと思います。みんなが必要性を認識するような中で条例を作らなければ「生ける基本条例」になりません。

生きた条例とするためには、各論を先行して整備することです。基本条例にどのような制度項目が入るかということは、もう十分想定できるのですから、情報公開、市民参加、総合計画、政策評価、財務・財政などの各論をきちんと整える。そのあとに基本条例を制定すればいいわけです。それに各論先行型の基本条例を制定するときのポイントは総合計画です。これに連動させて諸制度を整備するのが効果的です。白老町はその方向で進めていますね。

緊急避難的な政策以外は、総合計画に記載のない事業は実施しない。こうした政策原則を貫徹しないと、今の時代は乗り切っていけません。そうした原則のもとで極力需要を抑制して、厳選した政策を質高く実行する。これに公開、参加、財務、法務、評価などの仕組みが深くかかわってくるわけです。

これから自治基本条例を制定するときは、三つの要素をふまえていただきたい。第一は、しっかり時間をかけて制定する。拙速の作文条例、理念条例は制定しない。第二は、総合計画の策定・改訂の時期をうまく活用して、総合計画の仕組みの改革を含めて諸制度を整備する。第三は、自治基本条例の制定で終わる「単独型自治基本条例」でなく、自治基本条例と関連条例をあわせた「総合型自治基本条例」にする構想をしっかり持っていただきたい、ということです。これらをふまえて、実効性のあるものにしていかなければなりません。具体性は基本条例の生命です。

情報公開が信頼関係をつくる

佐藤　これも恐らく共通することだと思いますが、市民と行政の協働ということがよく言われています。しかし、現実問題としては、市民は行政に対する不信感があり、行政は行政で住民に対する不信感があります。こうしたお互いの不信感をなくしていくにはどうしたらいいのかというご質問がきております。この協働という言葉を直接的にお出しになったのは見野さんの講演の中であったと思いますので、今度は見野さんから、行政と町民の皆さんの不信感をなくしていくにはどうしたらいいかについてお話しいただきたいと思います。

見野　行政と議会と住民の間には温度差がありますね。しかし、まちをよくしたいという目的は同じですよ。それでは信頼を得るためにどうしたらいいかということになりますが、簡単に言えば情報を公開して情報を共有していくということではないでしょうか。私どもが寿司屋に行って寿司を注文したときに、板前さんが魚をさばいて握ってくれて、それを私どもの前に出してくれますね。注文した私は、実際に握っている姿を見ることができるわけです。そうすると私は安心します。逆に板前さんはお客さんから見られているという緊張感がありますね。情報を公開して情報を共有することは、同じテーブルで同じテーマに対してそれぞれの立場の違う人が同じ力関係でものごとを議論できるということだと思います。そこからまちづくりに対する信頼、相手に対する信頼もできあがっていくのではないかと考えます。

佐藤　ありがとうございます。同じことを安斎町長さんにもお伺いしたいと思います。お願いします。

安斎　協働とは言うに易い言葉ですが、これほど難しい言葉はほかにないのではないかと思っております。私は、協働とはまず、いかに住民の方々に行政や地域づくりに参加していただくかを最優先すべき、ということではないかと考えています。しかし、そういった施策を行うに当たって住民の方々に新たな負担とか強制を求めるべきではありません。それを前提に少しずつ参画していただく仕組みづくりが必要だと思っております。

見野さんのおっしゃられた信頼とか情報公開の必要性については同感です。先ほど申し上げました自治基本条例、行政評価、総合計画の策定・見直し等についても、町民の参加をいただいて意見を十二分に斟酌した上での最終的な計画案、基本条例案としているわけです。これは良くても悪くても、町民の方にとって「私はこの計画なり、この案についてこういう発言した」ということで、その条例案あるいは計画に対する責任を持つという意識を抱いていただけるのではないか。実際には芽生えてきていると確信しております。

また、住民参加型の地域づくりを推進するため、町職員が地域に積極的に入っていこうということで、昨年から職員の地域担当制をスタートさせました。職員のほうもまだ慣れないものですから十分な効果が出ているとは言えませんが徐々に変わりつつあると思います。

いろいろな行政施策の意思決定過程において住民の皆さんに参画していただき、意見をいただくことが一番大事ではないでしょうか。こういった取り組みをすることで、これからの協働の地域づくり、社会づくりは少しずつ花が開いていくのではないかと期待しています。

佐藤　ありがとうございました。それでは、市民参加で頑張っていらっしゃる宮谷内町長さんお願いします。

宮谷内　私の町の総合計画のテーマは「融和と自立と協働の町」です。私はあらゆる所で、この「協働」はなぜ「協同」と同じではないのかをお話しています。協働とはどういうことか説明するとき、これまでは行政と議会と専門の職員がいて、皆さんは「首長は何をやっているんだ、議会は何をやっているんだ、職員は何をやっているんだ」と言うばかりでした。しかし時代は変わって、今は市民や、先ほど見野さんがおっしゃったようなＮＰＯや女性の会などの営利を目的としていない団体、そして企業がある。こういうところが公共の分野を担うようになってきていて、この六つが役割分担をして地域社会をつくることを協働とお話させていただいています。中には「市民なんか蘭越町にいないだろう、町民だろう」と言う人がいます。そういう時は、私は森先生がおっしゃられているように、市民とは公共社会の担い手のことで、言うことも言うけども地域社会の中に自分の役割をきちんと持って果たしている人と説明しています。また、企業も今までは営利の追求だけだったと思います。しかし、これからの地域社会の中では、そういう企業は地域から認められなくなって、いずれは破綻していく。そういう意味からも企業も、地域社会の発展と共に企業の役割はあると思います。

そこで、その協働はどのように進めていけばよいかですが、先ほど見野さんがおっしゃったようにまずは情報を共有することから始めなければなりません。

住民参加もまた難しいですよね。本来、住民参加の形はないわけですから。今までの住民参加はそこに何かを造る、例えば終末処理場を造るなど厄介なものを持ってくるというと、地域の方はみんな騒ぐわけです。そのときに行政からは「ちょっと検討委員になってください」とやってきたわけです。ところがだんだん市民運動が進んできますと、発案のときから、やっぱりみんなごみは捨てるし、し尿は出すわけですから、終末処理は共通の悩みだから何とかしなければと住民側からアプローチがなされるわけです。

私の町で必ずしもできているかといったら、ざっくばらんに言ってまだそこまでいっていないところもあります。しかし、そういう住民参加のあり方を基本にしていかなければ、この協働の町づくりは言うだけで空回りに終わっていくのではないかと思います。

財政問題に対する先駆自治体の取り組み

佐藤　ありがとうございました。先ほど申しましたように、皆さん方からの質問がたくさんございます。すべて一つ一つお伺いすることになりますと時間を超過しそうですので、いくつかの論点に私のほうでまとめさせていただいて、その中に若干の個別的な問題を含めて討論者の皆さん方にお伺いしたいと思いますので、ご了承ください。

まとめました一つの大きなものは、いわゆる財政の問題ととらえてよろしいのではないかと思います。これにつきましては、先ほど宮谷内町長さんから蘭越町のバランスシートの問題提起がございました。これをどうするのか。そして、下川町についても同じだろうと思いますが、いわゆるコストの削減が盛んに言われていて、それと地域の協力をどうしたらいいのかというご質問があります。あるいは、さまざまな施設建設とそのコストの問題、今ちょっと話をしておりましたが温泉施設が蘭越町の場合はございましたが、この施設の運営状況といったことですね。

財政問題といっても、いわゆる三位一体改革がらみの交付税が多い少ない、補助金が減ったということもありますが、むしろ今出ております質問の中身は、恐らく市町村内部でどのような改善策が可能かということに関連した問題だと思います。個別に見ますと、宮谷内町長さんの蘭越町のテーマについての質問が若干多いようですので、バランスシートの問題あるいは今の温泉施設の問題等を含めまして、最初に宮谷内町長さんからご説明をお願いしたいと思います。

宮谷内　財政の問題は私からここで申し上げるまでもなく、北海道に百八十の市町村がありますが、道も含めて町村の財政の良し悪しは、ずっと古い時代、確か明治の時代からと言われますが、今まで官庁会計方式、いわゆる単式簿記で決めていました。

官庁会計は実際に現金のやり取りが発生してから、帳簿に記載する現金主義です。例えば一億円の税収を予算計上していて、実際に一億円の収入が無ければ一億円の赤字となります。しかし、企業会計では経済的なやり取りが発生した時点で帳簿に記載する発生主義ですから、決算時に資産や負債がどれだけあって、それを差し引いて資本が増えていればいいというものです。

道庁が六兆円の借金があると言っていますが、企業会計でみると約五十万三千ヘクタールの道有林があって三千五百億の普通財産を持っていることも記載対象となりますから、今の財政問題は官庁会計のシステム上の問題で究極的に厳しい状態にさせられているとも言えると思います。

また、財政問題には内部的要素もあります。財政問題に取り組むに当たっては、住民の皆さんに協力していただかなければならないわけですから、まず理解を得やすくするため、職員の給料を下げさせていただきました。安易に下げるべきではないと思いますが、内部努力を町民の皆さんに知ってもらうことで、協力を得易くなると考えたためです。バランスシートについては、住民側にコスト意識を持っていただくことが目的で、住民に見られているという意識が職員の自己啓発に繋がって欲しいという思いがありました。

次に温泉施設です。すべて委託や指定管理者にすることがどうなのかという思いがあります。民間は駄目だったらすぐに解雇や撤退をしますよね。地域経済を考えても、安定して継続する雇用の場を確保したいというねらいもあり、直営という方法を選びました。温泉施設は独立採算制で、幽泉閣は財政調整基金を二億一千万円、雪秩父は二千五百万円持っています。これらの財政調整基金、各種基金などの財務情報もきちんと公表しています。

このほかにも、アイスクリームや漬物なども直営で行っていてそれぞれ収益も上げています。質問にすべて答えたかどうかわかりませんが、これまでどちらかというと作っておしまいというところが多かったと思いますが、私どもは売ることに専念してやっている。職員は本当に涙の出る思いで一生懸命頑張ってくれています。

佐藤　ありがとうございました。それでは安斎町長さん、財政問題についてお願いします。

安斎　財政問題で私は職員に常々「金がないのは首がないのと同じだ。」と言っています。たくさんのお金は要らないけれど、町民の方が要望する、求めるものにある程度こたえるような財政力をつけておかなければならないということです。そのために、私どもは少しでもコストを削減し、一円のお金を儲けるためにどれだけのことができるのか考えています。

その意識が現れたのか、職員から自主的に自主財源を確保する研究会をつくりたいという申し出がありました。私は、お金を儲けることそのものよりも、儲けるためにどうするかという厳しさを知ってもらうために非常にいいことだなと思って、応援させていただきました。最初は何人かの職員で集り話し合っていましたが全町的な組織に広がりました。検討結果は中間報告として提出いただきました。

その中の一例を紹介いたしますと、職員の中には車で通勤する者がいます。役場の駐車場に止めるわけですが、その駐車場の除雪は公費で行っています。ですから職員は負担をすべきではないかというものです。職員自らの声ですから驚きました。一円のお金でも節約しようというかたちに結び付いてきているのかなと感じています。

また下川町に五味温泉があります。私も二年ほど支配人をさせていただきましたが、今は町も出資する財団法人下川町ふるさと開発振興公社が運営をしています。関係者の経営努力により、何とか赤字を出さずに頑張っていただいています。

佐藤　見野さんは民間のご出身ですからお金の話は詳しいと思います。白老町でも財政の問題はなかなか厳しかったかと思いますが、その辺りについてどのような改善をなさってこられたかを含めてお話をいただきたいと思います。

見野　今は「自治体の経営」が普通に言われるようになりました。昔は自治体に経営とかコストとか、そういうことはありませんでした。それだけやはり時代と共に自治体も変わってきたと思います。私は自治体が黒字になるなんて、今の税制制度では難しいのではないかと考えています。いいとこ取りで、国がちょっとしんどくなったら交付税等を締めてきます。地方六団体も頑張っていますが、地方分権と言うなら税源配分比率の四対六を五対五ぐらいに持っていくとか、税制改正で地方に少し肩入れするといったことが当然必要だと思いますが、今それができていません。

もう一つは内部の問題をどうしていくか考える必要があります。自治体にも人口がある所、人材がいる所、都市部であるとか置かれている状況はさまざまですから、各自治体で考え方は違うと思いますが、私からは白老町の例を申し上げたいと思います。

協働のまちづくりをしていく中で、こういう例がありました。ある地区に町内会館を造ってくれという話がありました。何回も陳情がありました。私は「私もお金があれば造りたいですよ。でもお金がない。いろいろ考えてそれでも欲しいのとするならば、あなたたちもお金を出しなさい」と申し上げました。何千万円するものです。初めは住民も「冗談じゃない、これは当然役場が造るべきものだ」と言っていました。しかし、「協働とは、あなたたちも参加するということだし、少し意識を変えてくれないと駄目です。お金はないのだから、皆さんも出してください。私どもも出します。そして、道にもお願いします」。と説得して三者で造ることになりました。造るに当たっては、「皆さんの好きなものを造ってください」ということで、設計や場所、完成後の施設管理も住民にお願いしました。役場が借りるときは使用料を出しています。これは一つのテストケースだと思うのですが、結果として今は皆さん喜んで大切に使ってくれています。

今までの既存の考え方でいくと、要望があればお役所が全部造る。管理も役所が全部行っていました。しかし、協働というのは、欲しいなら皆さんに知恵やお金を出していただく。決して大きな金額でなくていいんです。これが住民参加です。それによって自分の思いが達成できることが、私はこれから住民自治の中では大事なことではないかと思うのです。

こういうものをもう少し広げていったら、先ほど両町長さんが言われたようにコスト意識が自然に身について、いい信頼関係が生まれていきます。

また、先ほど民間出身ということで紹介いただきましたが、私は財政は得意ではありませんから、財政にいい人材を置くようにしていました。イエスマンは置かない。私に対して厳しい人を財務に置いて、何か出る前に黄色信号を送ってくれるようにしておりました。事が大きくなって赤信号になってからでは大変ですからね。

財政担当者は本当に厳しいです。例えば学校ができますと社会教育とか教育委員会とか企画の担当者が招待を受けます。しかし、金を集めてくるのは財政とか税務の担当者です。税務は一軒一軒回ってお金を集めてくる。使う方だけがヒーローになっては駄目で、集める人に光を当ててやるようにしなかったら、いい人材がそこに行かなくなります。人事も気をつけなければならないと思います。

佐藤　ありがとうございました。お三方の発言、それぞれ大変参考になったのではないかと思います。役所というと「税金を使う」に主眼が行くわけですが、どうも三人のお話を聞いておりますと、これからは役所も使うだけではなくて「入れる」あるいは「集める」ことをどうするか、きちんと考えていかなければいけないということだったと思います。

今の財政の問題につきまして神原先生、何かコメントすることはございませんか。

神原 自治体の財政が厳しいのは二つの側面があります。皆さんがおっしゃったように、国と自治体の間で税金をどのように分け合うか。これは税源配分の問題ですが、財政の制度に起因する構造的な問題です。その構造的な問題から来る厳しさ。バブル後の国による公共事業のばら撒きに起因する自治体の財政難などはこれですね。それともう一つは、それぞれの自治体の中でどのようにお金をやり繰りしているか。そこにおける厳しさの問題。つまり、構造責任の問題と自己責任の問題の二つがあると思います。

構造的な問題は三位一体改革でもやっていますように、基本的には国と自治体の間の税源配分をどうするか。補助金のようなひも付きをできるだけなくして税源を移譲するというものです。ただし、そうすると、課税対象のないところはお金が入ってきません。お金の入ってくる大きな都市自治体とそうでないところは格差ができますから、それをナショナル・ミニマムの観点から是正するため地方交付税を再構築する、というのが本来の構造上の問題の解決の仕方です。現にまだ全然そうなっていませんから、これはこれで追求していかなければならない問題だと思います。

しかし、それを待っていたのでは間に合いません。ですから、今の条件の中でいかにやり繰りしていくか、つまり財務の能力が問われることになります。先ほども話しましたが、先々の維持管理費や人件費のことを考えないハコモノづくりなどは財務能力欠如の最悪の例ですね。とにかくお金がないですから、「入るを計って、出ずるを制す」というこれ以外に方法はないわけです。入るを計るのはなかなか難しいですが、出ずるを制しながらいい政策をやるためには、先ほど言ったような総合計画とか自治基本条例で対応するしかありません。

もう一つ大事な問題は、今日も随分議論になりましたが、自分の自治体の財政の現状あるいは運営の方法が健全であるかどうかを常に自己診断する。そのためにはきちんとした正確な財務諸表が作成されていなければいけない。これは当たり前のことだと思います。診断するためのデータがなかったら病気にかかっているかどうかもわからないわけです。

例えば夕張市の問題も、これは構造的な問題もありますが、自己責任の分野に限って言えば、相当前から危ないと言われていたのだけど、客観的なデータは何も示されなかった。だから、うわさの域を出なかった。したがって早期の対策が打てない。そういう期間がずっと長く来ていたわけです。ですから、正確に財務諸表をきちんと作成する。一般会計、特別会計、企業会計、第三セクターへの出資、債務保証など、全会計を通じた連結決算を行って、資産、負債、資金の移転などの現況を正確に公表する必要があります。ここが財務の基本です。自治基本条例の関連条例として、これらの内容とともに計画優先の予算を骨子とする財務規範として、財務条例の制定もこれから考えていくべきでしょう。

今はまだ健康診断すら十分にできていないのですが、それればかりではだめですね。健康診断で「あなたは病気ですよ」と言われて病院に行かないのと同じことになりますから。それで、苦しいことを前提にした中でもいい政策を厳選に厳選を重ねて行うことも考えなければいけないわけです。ここで不可欠なのが先ほどお話した総合計画を軸にした自治体計画です。

今までの総合計画は、計画があって計画なきがごときだったわけですよ。右肩上がりでお金が入ってきますから、計画とは関係なくちょっと待っていれば大体のことはみんなできた。計画の中に書いてあれば、なお予算要求の根拠があってお金が使いやすい。そういうたぐいの計画でした。

これからの計画はそうではなくて、いかに仕事を少なくして、セレクトして、本当に必要最小限度でレベルを高く保てる政策を行うための計画にしなければなりません。ですから、計画にない事業は一切やらないという原則が大事になるのです。この原則があれば、いろいろな要望があっても計画になければ、緊急避難的なものは別として、三年後、四年後の計画改定まで待ってくれと言えます。

改定までの期間でその要望が消えてしまうかもしれないし、もっと別のやり方が出てくるかもしれない。何でもすぐはやらないことです。そのように計画に重点を置いた自治体運営をしていけば、住民の意識も変わるし、職員の意識も変わるし、我慢をしながら、かつ質の高い政策が行える自治体に変わっていきます。

このように確実にやれる事業しか計画に載りませんから、あとはその事業の進行を詳細に管理すれば、これは政策評価につながっていきます。評価をするには政策情報、評価情報の作成・公開が必要になります。この情報は議員にも住民にも職員にもみんな共有されますから、きちんとした共通のデータで政策の検証ができる。これはやはり苦しい中での自治体運営の基本ではないかと思います。

農家の頑張ろうとする意欲を生み出す

佐藤　あと、時間が十分ほどしかございません。若干個別の問題で二人の町長さんにお答えいただきたいと思います。一つは、農水省の政策が大きな農家を中心とした対策で、中小農家の切り捨てにつながっているように見えるのですが、農業の町として中小農家の保護をどうするか、という質問がきております。これについていかがでしょうか、宮谷内さん。

宮谷内　農水省から今年の七月に経営所得安定対策等実施要綱というものが示されています。認定農業者や集落営農などを農業の担い手として位置付けて、そういう農家にしていこうとしています。戦後最大の農政改革だと言われていますが、私の町で実際に担い手がいるかというと、所得などの条件もありまして、なかなかそうなっていない小さい農家もあります。

特にこの頃は、小さい農家には大変厳しい状況で、これまでは蘭越町の周りでも河川改修などの公共工事があり、米作りが終わるとそこで働いて農外収入を得ることができました。しかし、今は公共事業費自体が必要のないこととして大幅に削減されています。もちろん必要のないことはすべきではないのですが、それを生業としていた小さい農家がどんどんつぶれていっている現状なのです。

また、今までは農協も小さい農家に対して援助していたわけですが、合併してからは厳しくなりました。農協は組合勘定がマイナスになったり、来年の営農計画が立たないところはお金も貸さないし、潰していってしまう。

そういった状況の中で、小さな農家をどうしていくか。今の国の政策からいったら、それは切り捨てですよね。しかし、実際にそうやって生きている人たちがいるわけですから町村長も頭を悩ませています。

私が町長になってからは、小さい農家は米だけではこれからはやっていけないので継続的な収入になるよう施設園芸、今は奨励作物としてトマトやメロンを作っていただいています。米とハウスを二分の一として、私が町長になった時にはハウス物で八百万円ぐらいの売り上げでしたが、現在は、その年によって違いますが二億四千万円から二億五千万ぐらいの売り上げがあります。主力である水稲についてはもちろんですが、弱者対策と言ったらおかしいのですが農業には力を入れています。

考えてみれば、国際的な要因や農業に対する国内的な要因があって、昭和四十年代には二十数万戸あった農家が今は五万戸を割るのではないかという北海道の農業の現状を見たときに本当に胸痛む思いです。財政は厳しいですが、その中から補助金なども含め配分して、少しでも農家の頑張ろうとする意欲を生み出すように助長していこうと思います。ただし、助成をもらえるからやっていくというのでは成功するのは難しいと思います。

森林づくりに自信あり

佐藤　ありがとうございます。下川町の安斎町長さんには、森林づくりをやっていますが、採算が取れる見込みがあるかどうかについて一言お願いします。

安斎　森林づくりについては将来的に採算が取れるかどうかというお話ですが、私は必ず取れる時代が来ると思っています。森林は、われわれ人間が生存する上で必要不可欠な資源だと思っています。今は環境問題とかいろいろありますが、やはり森林が一番人間に優しい、癒しを与える資源だと思っていますので、私は自信を持ってそれを言い切ることができます。

森林づくりは息を長く、しっかりとした考え方で進めていかなければなりません。それには町の独り善がりではなくて、森林の持つ役割を多くの国民に知ってもらい、理解してもらう必要があると考えています。

このまま化石燃料を燃やし続けると地球上に二酸化炭素をどんどん排出することになりますが、一体何が二酸化炭素を吸収するのでしょうか。そのような都合のよい機械は発明されていません、地球上でそれを担える最も効果の上がるものは森林ですから、それが評価される世の中になると信じて疑いません。

佐藤　ちょうど時間が迫ってまいりました。私は最初、二時間以上あるし、もつかなと心配していましたが、何しろご出席の四人の討論者の皆様方それぞれにいろいろな引き出しがございまして、何を聞かれてもすらすらと、しかも中身の濃いお答えをいただきました。この二時間余りが非常に短い時間で、もう終わりかというぐらいの感じがいたしております。

私がここでまとめるということにもならないと思いますが、若干のコメントをいたします。今日は北海道の先進事例に学ぶということでしたが、最初の質問に、各討論者がお答えになったように、まさにそれぞれの地域でご活躍の町長さん方は先駆的な自治体になろうとしてやったわけではなくて、その地域にある資源、ないものをねだるのではなくて、そこにあるものをいかに生かしていくかという視点から努力をなさったということです。

そうなると、では具体的にどうしたらよいのだということを自分たちの地域に引きつけて教えてもらいたいと思う人もいるかもしれません。けれども、具体的な方法なりやり方についてはさまざまな質問に対する、各討論者のお答えの中から、ご出席の皆様方ご自身で回答を探していく、そして自分たちの地域をつくり上げていくという方向に行くしかないのではないかと思います。

とかく成功事例を目にしますと、それをすぐまねてみようとするか、あるいは、「あれはあそこの地域だからできたことでわが地域ではうまくいかない」とばかり聞くだけで終わってしまうかしがちです。そうではなくて、どんな問題意識をもって先駆自治体は課題に対処しようとしたのか、課題解決ないし課題の実現にどのような努力を重ねたのか、何が隘路になり、何が突破口になったのか、などたくさんの問題解決のヒントが隠されていることを、嗅ぎ取って欲しいと思います。その上で、自分たちの地域の何が強みで、何が弱点か、それを補うチャンスはどこにあるのか、また克服すべき脅威は何かといったことを、是非考えていただきたいと思います。意識していたかどうかはともかく、先駆自治体は、そうした方法を使って問題解決に結びつけていったと思います。単なる物まねではなく、しかし何かを学ぶという姿勢が必要だろうと思います。そして、今日のお話からさまざまなヒントを講座参加者各自が見つけ出していただければ、今日の講座も大成功だったということになると思います。

いくつかの質問については直接お答えをいただかなかったかと思いますが、ほぼ関連した内容でお答えをいただいておりますので、ご容赦いただきたいと思います。

今日ご出席の四人の討論者の皆様方、本当にありがとうございました。また、講座にご出席のフロアの皆様方も本当にありがとうございました。それでは、これで座談会を終わらせていただきます。どうもありがとうございました。

下川町の循環型森林経営

森林資源の循環・持続

基本方針　町有林面積4，473ha を「50haの造林×60年伐採」

・持続可能な保続生産体制
・雇用の場の創設を図る
・地元林業界への安定供給を図る

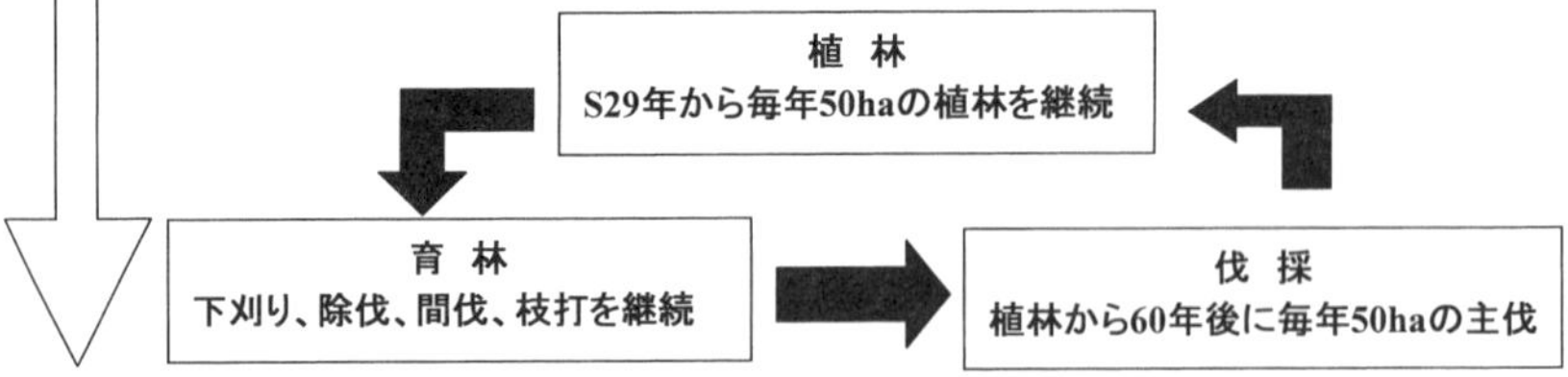

森林資源の活用

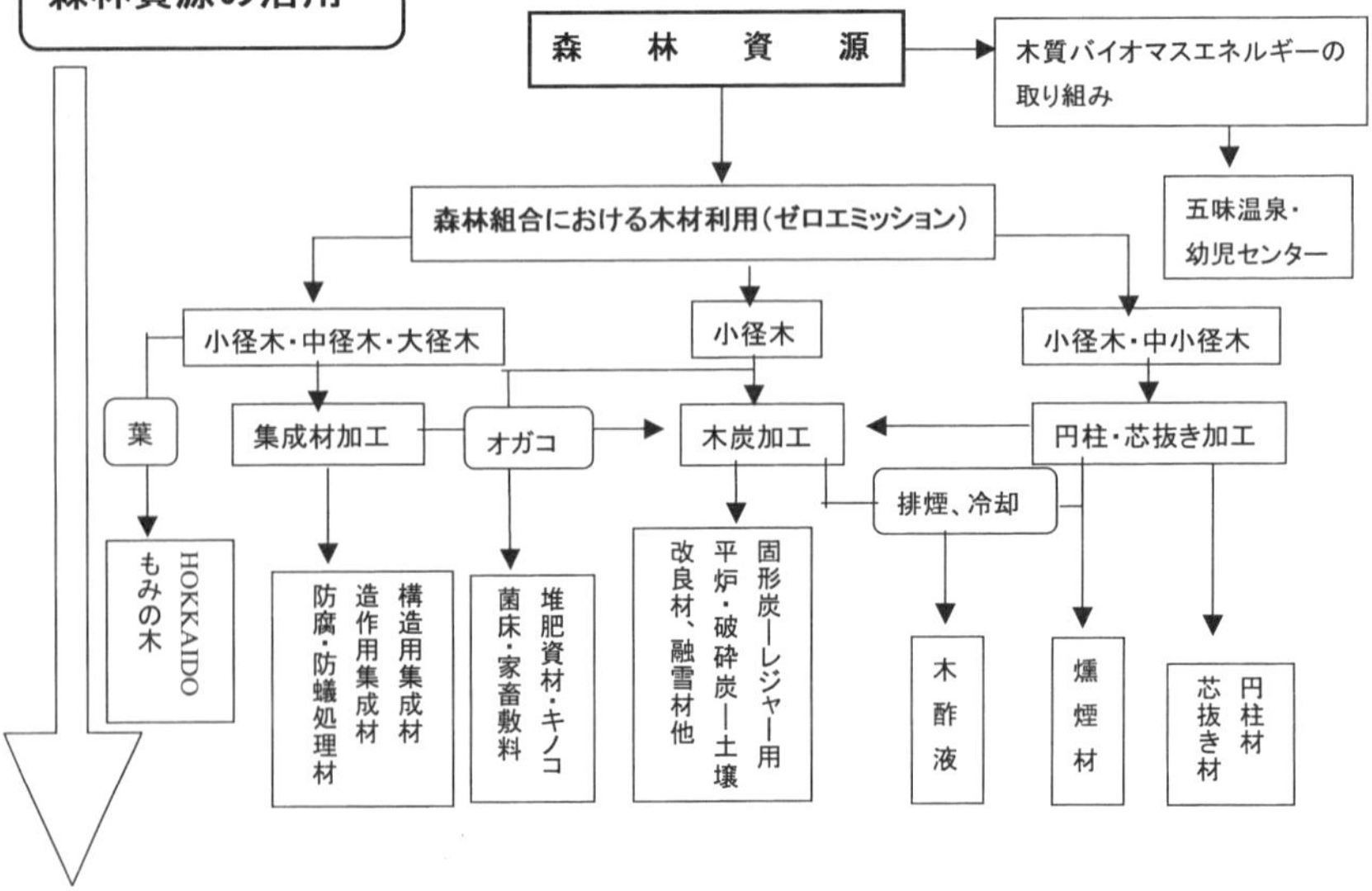

巻末資料

森林資源の新たな価値の創造

「下川町森林づくり寄付条例」の制定

森林は、空気の浄化や水源の涵養など様々な機能を有します。

下川町は厳しい財政状況の中、継続的な森林づくりを自治体の責任として推進します。

この取り組みを多くの皆さんに応援していただく仕組みとして平成17年に条例を制定し、昨年1年間で、約500名の方々から875万円、現在では1千万円をこえる寄付が集まっています。

森林づくりのために大切に使っています。

吸収・固定
CO2
CO2
CO2
CO2

（1口1万円の寄付金でカラマツ138本の苗木を植えることができ、その苗木は、私たちが年間呼吸によって排出する二酸化炭素の量11人分を吸収するといわれています。）

別記（第3条関係）

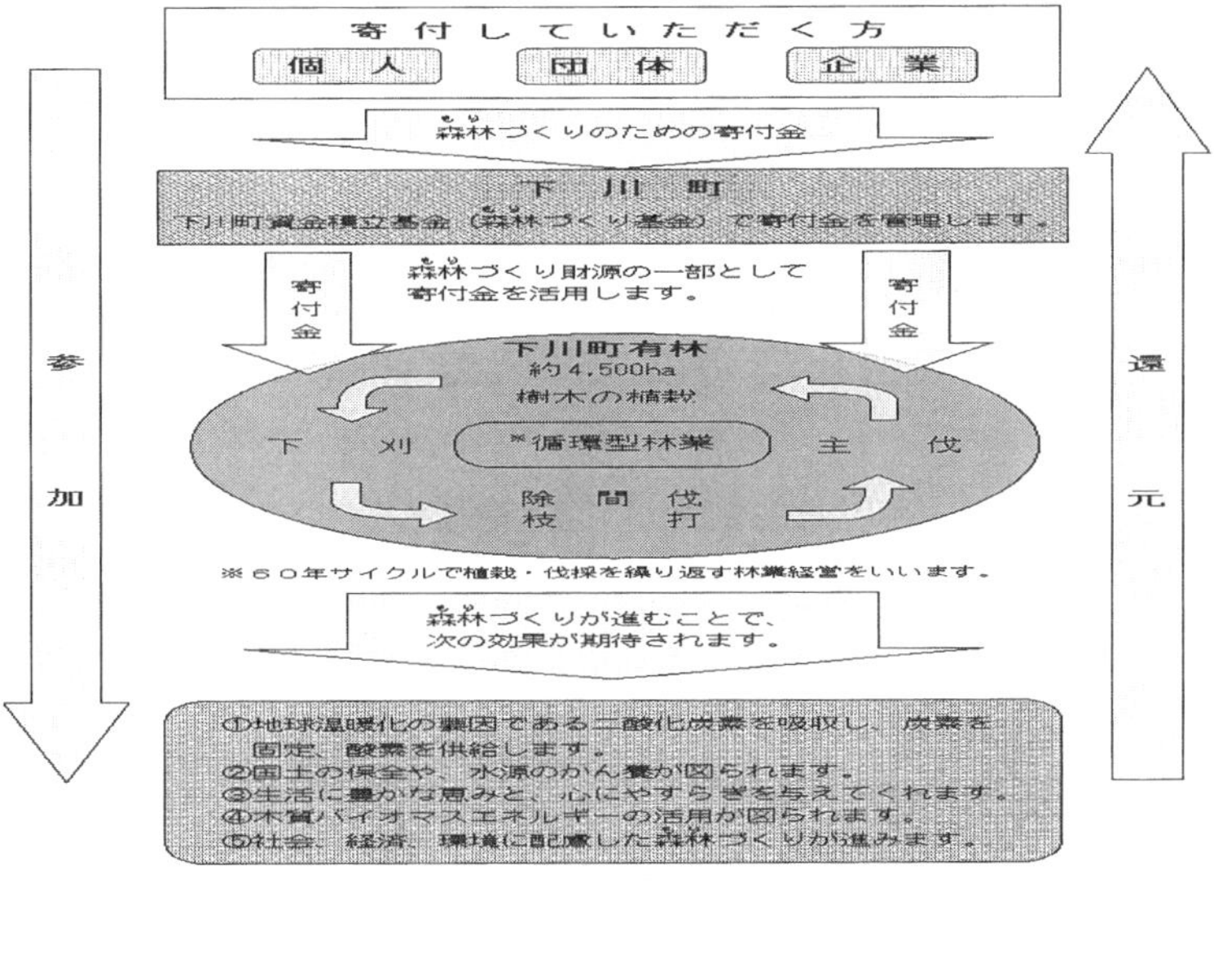
寄付していただく方
個人
団体
企業
森林《もり》づくりのための寄付金
下川町
下川町資金積立基金（森林《もり》づくり基金）で寄付金を管理します。
森林《もり》づくり財源の一部として
寄付金を活用します。
寄付金
寄付金
下川町有林
約4,500ha
樹木の植栽
下刈
※循環型林業
主伐
除枝
間打
伐
※60年サイクルで植栽・伐採を繰り返す林業経営をいいます。
森林《もり》づくりが進むことで、
次の効果が期待されます。
①地球温暖化の要因である二酸化炭素を吸収し、炭素を固定、酸素を供給します。
②国土の保全や、水源のかん養が図られます。
③生活に豊かな恵みと、心にやすらぎを与えてくれます。
④木質バイオマスエネルギーの活用が図られます。
⑤社会、経済、環境に配慮した森林《もり》づくりが進みます。
参加
還元

（本書は二〇〇六年九月二三日、北海学園大学二号館三階三一番教室で開催された地方自治土曜講座の講演・座談会記録をまとめたものです。）

◆講師略歴◆

宮谷内留雄（みやうち・とめお）

蘭越町長。1937年北海道蘭越町生まれ。自治大学校修了、1957年4月蘭越町役場採用、同総務課長、同助役を経て、1988年11月から現職（5期目）。

【主な公職】 北海道町村会副会長、後志町村会長、北海道国民健康保険審査会委員、北海道農業会議常任会議員、北海道市町村農業農村振興対策協議会長。

安斎　保（あんざい・たもつ）

下川町長。1937年北海道下川町生まれ。自治大学校修了、1956年7月下川町役場採用、同建設課長、同助役を経て、1999年5月から現職（2期目）。

【主な公職】 上川支庁管内町村会理事、全国積雪慣例地帯振興協議会副会長、北海道市町村林野振興対策協議会副会長、北海道国土緑化推進委員会上川支部長。

見野　全（けんの・あきら）

北海道監査委員。1940年北海道北見市生まれ。近畿大学法学部法律科卒業、大昭和製紙（株）白老工場資材課長、1987年4月から白老町長（4期）を経て、2006年月から現職

【主な公職】（財）日本野球連盟北海道地区連盟副会長、NPO法人北海道野球協議会理事長、（株）ＰＨＰ公共経営研究センター研究参与、札幌学院大学非常勤講師。

佐藤克廣（さとう・かつひろ）

北海学園大学法学部教授。中央大学大学院法学研究科政治学専攻博士後期課程短期取得満期退学、1981年北海学園大学法学部講師、同助教授を経て、1994年から現職

【主な著書】『市町村行政改革の方向性―ガバナンスとＭＰＭのあいだ』（地方自治 土曜講座ブックレットNo. 95）、『日本の政府体系』（共著成文堂）、『基礎的自治体システムの構築と地方制度改革』（共著・自治総研ブックレット78）

神原　勝（かんばら・まさる）

北海学園大学法学部教授、北海道大学名誉教授。1943年北海道浦臼町生まれ。中央大学法学部卒業、（財）地方自治総合研究所研究員などを経て、1988年から北海道大学大学院法学研究科教授、2005年から現職。

【主な著書】『転換期の政治過程』（総合労働研究所）、『資料・革新自治体』（共編著、日本評論社）、『自治基本条例の理論と方法』（公人の友社）、『栗山町発・議会基本条例』（共著・公人の友社）など。

刊行のことば

「時代の転換期には学習熱が大いに高まる」といわれています。今から百年前、自由民権運動の時代、福島県の石陽館など全国各地にいわゆる学習結社がつくられ、国会開設運動へと向かう時代の大きな流れを形成しました。学習を通じて若者が既成のものの考え方やパラダイムを疑い、革新することで時代の転換が進んだのです。

そして今、全国各地の地域、自治体で、心の奥深いところから、何か勉強しなければならない、勉強する必要があるという意識が高まってきています。

北海道の百八十の町村、過疎が非常に進行していく町村の方々が、とかく絶望的になりがちな中で、自分たちの未来を見据えて、自分たちの町をどうつくり上げていくかを学ぼうと、この「地方自治土曜講座」を企画いたしました。

この講座は、当初の予想を大幅に超える三百数十名の自治体職員等が参加するという、学習への熱気の中で開かれています。この企画が自治体職員の心にこだまし、これだけの参加になった。これは、事件ではないか、時代の大きな改革の兆しが現実となりはじめた象徴的な出来事ではないかと思われます。

現在の日本国憲法は、自治体をローカル・ガバメントと規定しています。しかし、この五十年間、明治の時代と同じように行政システムや財政の流れは、中央に権力、権限を集中し、都道府県を通じて地方を支配、指導するという流れが続いておりました。まさに「憲法は変われど、行政の流れ変わらず」でした。しかし、今、時代は大きく転換しつつあります。そして時代転換を支える新しい理論、新しい「政府」概念、従来の中央、地方に替わる新しい政府間関係理論の構築が求められています。

この講座は知識を講師から習得する場ではありません。ものの見方、考え方を自分なりに受け止めてもらう。そして是非、自分自身で地域再生の自治体理論を獲得していただく、そのような機会になれば大変有り難いと思っています。

「地方自治土曜講座」実行委員長
北海道大学法学部教授　森　啓

（一九九五年六月三日「地方自治土曜講座」開講挨拶より）

地方自治土曜講座ブックレット No. 114
北海道の先進事例に学ぶ

2007年3月30日　初版発行　　定価（本体1，000円＋税）

著　者　　宮谷内留雄／安斎　保／見野　全／佐藤　克廣／
　　　　　神原　勝
発行人　　武内　英晴
発行所　　公人の友社
〒112-0002　東京都文京区小石川5－26－8
TEL 03－3811－5701
FAX 03－3811－5795
Eメール koujin@alpha.ocn.ne.jp
http://www.e-asu.com/koujin/

公人の友社のブックレット一覧

（07.3.28 現在）

「地方自治土曜講座」ブックレット

《平成7年度》

No.1
現代自治の条件と課題
神原勝 ［品切れ］

No.2
自治体の政策研究
森啓 600円

No.3
現代政治と地方分権
山口二郎 ［品切れ］

No.4
行政手続と市民参加
畠山武道 ［品切れ］

No.5
成熟型社会の地方自治像
間島正秀 ［品切れ］

No.6
自治体法務とは何か
木佐茂男 ［品切れ］

No.7
自治と参加アメリカの事例から
佐藤克廣 ［品切れ］

No.8
政策開発の現場から
小林 勝彦・大石和也・川村喜芳
［品切れ］

《平成8年度》

No.9
まちづくり・国づくり
五十嵐広三・西尾六七 500円

No.10
自治体デモクラシーと政策形成
山口二郎 ［品切れ］

No.11
自治体理論とは何か
森啓 ［品切れ］

No.12
池田サマーセミナーから
間島正秀・福士明・田口晃 500円

No.13
憲法と地方自治
中村睦男・佐藤克廣 ［品切れ］

No.14
まちづくりの現場から
斎藤外一・宮嶋望 ［品切れ］

No.15
環境問題と当事者
畠山武道・相内俊一 ［品切れ］

No.16
情報化時代とまちづくり
千葉純・笹谷幸一 ［品切れ］

No.17
市民自治の制度開発
神原勝 500円

《平成9年度》

No.18
行政の文化化
森啓 ［品切れ］

No.19
政策法学と条例
阿倍泰隆 ［品切れ］

No.20
政策法務と自治体
岡田行雄 ［品切れ］

No.21
分権時代の自治体経営
北良治・佐藤克廣・大久保尚孝
600円

No.22
地方分権推進委員会勧告とこれからの地方自治
西尾勝 500円

No.23
産業廃棄物と法
畠山武道 ［品切れ］

No.25
自治体の施策原価と事業別予算
小口進一 600円

No.26
地方分権と地方財政
横山純一 ［品切れ］

《平成10年度》

No.27
比較してみる地方自治
田口晃・山口二郎 ［品切れ］

No.28
議会改革とまちづくり
森啓 ［品切れ］

No.29
自治の課題とこれから
逢坂誠二 ［品切れ］

No.30
内発的発展による地域産業の振興
保母武彦 600円

No.31
地域の産業をどう育てるか
金井一頼 600円

No.32
金融改革と地方自治体
宮脇淳 600円

No.33
ローカルデモクラシーの統治能力
山口二郎 400円

No.34
政策立案過程への「戦略計画」手法の導入
佐藤克廣　500円

No.35
98サマーセミナーから「変革の時」の自治を考える
神原昭子・磯田憲一・大和田建太郎
600円

No.36
地方自治のシステム改革
辻山幸宣　400円

No.37
分権時代の政策法務
礒崎初仁　600円

No.38
地方分権と法解釈の自治
兼子仁　400円

No.39
市民的自治思想の基礎
今井弘道　500円

No.40
自治基本条例への展望
辻道雅宣　500円

No.41
少子高齢社会と自治体の福祉法務
加藤良重　400円

《平成11年度》

No.42
改革の主体は現場にあり
山田孝夫　900円

No.43
自治と分権の政治学
鳴海正泰　1,100円

No.44
公共政策と住民参加
宮本憲一　1,100円

No.45
農業を基軸としたまちづくり
小林康雄　800円

No.46
これからの北海道農業とまちづくり
篠田久雄　800円

No.47
自治の中に自治を求めて
佐藤　守　1,000円

No.48
介護保険は何を変えるのか
池田省三　1,100円

No.49
介護保険と広域連合
大西幸雄　1,000円

No.50
自治体職員の政策水準
森啓　1,100円

No.51
分権型社会と条例づくり
篠原　一　1,000円

No.52
自治体における政策評価の課題
佐藤克廣　1,000円

No.53
小さな町の議員と自治体
室崎正之　900円

No.54
地方自治を実現するために法が果たすべきこと
木佐茂男　[未刊]

No.55
改正地方自治法とアカウンタビリティ
鈴木庸夫　1,200円

No.56
財政運営と公会計制度
宮脇淳　1,100円

No.57
自治体職員の意識改革を如何にして進めるか
林嘉男　1,000円 [品切れ]

《平成12年度》

No.59
環境自治体とISO
畠山武道　700円

No.60
転型期自治体の発想と手法
松下圭一　900円

No.61
分権の可能性
スコットランドと北海道
山口二郎　600円

No.62
機能重視型政策の分析過程と財務情報
宮脇淳　800円

No.63
自治体の広域連携
佐藤克廣　900円

No.64
分権時代における地域経営
見野全　700円

No.65
町村合併は住民自治の区域の変更である。
森啓　800円

No.66
自治体学のすすめ
田村明　900円

No.67
市民・行政・議会のパートナーシップを目指して
松山哲男　700円

No.69
新地方自治法と自治体の自立
井川博　900円

No.70
分権型社会の地方財政
神野直彦　1,000円

No.71
自然と共生した町づくり
宮崎県・綾町
森山喜代香　700円

No.72
情報共有と自治体改革
ニセコ町からの報告
片山健也　1,000円

《平成13年度》

No.73
地域民主主義の活性化と
自治体改革
山口二郎　600円

No74
分権は市民への権限委譲
上原公子　1,000円

No.75
今、なぜ合併か
瀬戸亀男　800円

No.76
市町村合併をめぐる状況分析
小西砂千夫　800円

No.78
ポスト公共事業社会と自治体
政策
五十嵐敬喜　800円

No.80
自治体人事政策の改革
森啓　800円

《平成14年度》

No.82
地域通貨と地域自治
西部忠　900円

No.83
北海道経済の戦略と戦術
宮脇淳　800円

No.84
地域おこしを考える視点
矢作弘　700円

No.87
北海道行政基本条例論
神原勝　1,100円

No.90
「協働」の思想と体制
森啓　800円

No.91
協働のまちづくり
三鷹市の様々な取組みから
秋元政三　700円

《平成15年度》

No.92
シビル・ミニマム再考
ベンチマークとマニフェスト
松下圭一　900円

No.93
市町村合併の財政論
高木　健二　800円

No.95
市町村行政改革の方向性
～ガバナンスとNPMのあいだ
佐藤克廣　800円

No.96
創造都市と日本社会の再生
佐々木雅幸　800円

No.97
地方政治の活性化と地域政策
山口二郎　800円

No.98
多治見市の政策策定と政策実行
西寺雅也　800円

No.99
自治体の政策形成力
森啓　700円

《平成16年度》

No100
自治体再構築の市民戦略
松下圭一　900円

No.101
維持可能な社会と自治
～『公害』から『地球環境』へ
宮本憲一　900円

No.102
道州制の論点と北海道
佐藤克廣　1,000円

No.103
自治体基本条例の理論と方法
神原勝　1,100円

No.104
働き方で地域を変える
～フィンランド福祉国家の取り組み
山田眞知子　800円

《平成17年度》

No.107
公共をめぐる攻防
～市民的公共性を考える
樽見弘紀　600円

No.108
三位一体改革と自治体財政
岡本全勝・山本邦彦・北良治・逢坂誠二・川村喜芳　1,000円

No.109
連合自治の可能性を求めて
サマーセミナー in 奈井江
松岡市郎・堀則文・三本英司・佐藤克廣・砂川敏文・北　良治　他
1,000円

No.110
「市町村合併」の次は「道州制」か
高橋彦芳・北良治・脇紀美夫・碓井直樹・森啓　1,000円

No.111
コミュニティビジネスと
建設帰農
松本懿・佐藤　吉彦・橋場利夫・山北博明・飯野政一・神原勝
1,000円

《平成18年度》

No.112
「小さな政府」論とはなにか
牧野富夫　600円

No.113
栗山町発・議会基本条例
橋場利勝・神原勝 1,200円

No.114
北海道の先進事例に学ぶ
安斎保・宮谷内留雄・見野全氏・佐藤克廣・神原勝　1,000円

地方自治ジャーナルブックレット

No.2
政策課題研究の研修マニュアル
首都圏政策研究・研修研究会
1,359円［品切れ］

No.3
使い捨ての熱帯林
熱帯雨林保護法律家リーグ　971円

No.4
自治体職員世直し志士論
村瀬誠　971円

No.5
行政と企業は文化支援で何ができるか
日本文化行政研究会　1,166円

No.7
パブリックアート入門
竹田直樹　1,166円［品切れ］

No.8
市民的公共と自治
今井照　1,166円［品切れ］

No.9
ボランティアを始める前に
佐野章二　777円

No.10
自治体職員の能力
自治体職員能力研究会　971円

No.11
パブリックアートは幸せか
山岡義典　1,166円

No.12
市民がになう自治体公務
パートタイム公務員論研究会
1,359円

No.13
行政改革を考える
山梨学院大学行政研究センター
1,166円

No.14
上流文化圏からの挑戦
山梨学院大学行政研究センター
1,166円

No.15
市民自治と直接民主制
高寄昇三　951円

No.16
議会と議員立法
上田章・五十嵐敬喜　1,600円

No.17
分権段階の自治体と政策法務
松下圭一他　1,456円

No.18
地方分権と補助金改革
高寄昇三　1,200円

No.19
分権化時代の広域行政
山梨学院大学行政研究センター
1,200円

No.20
あなたのまちの学級編成と地方分権
田嶋義介　1,200円

No.21
自治体も倒産する
加藤良重　1,000円

No.22
ボランティア活動の進展と自治体の役割
山梨学院大学行政研究センター
1,200円

No.23
新版・2時間で学べる「介護保険」
加藤良重　800円

No.24
男女平等社会の実現と自治体の役割
山梨学院大学行政研究センター
1,200円

No.25
市民がつくる東京の環境・公害条例
市民案をつくる会　1,000円

No.26
東京都の「外形標準課税」はなぜ正当なのか
青木宗明・神田誠司　1,000円

No.27
少子高齢化社会における福祉のあり方
山梨学院大学行政研究センター
1,200円

No.28
財政再建団体
橋本行史　1,000円［品切れ］

No.29
交付税の解体と再編成
高寄昇三　1,000円

No30
町村議会の活性化
山梨学院大学行政研究センター
1,200円

No.31
地方分権と法定外税
外川伸一　800円

No.32
東京都銀行税判決と課税自主権
高寄昇三　1,000円

No.33
都市型社会と防衛論争
松下圭一　900円

No.34
中心市街地の活性化に向けて
山梨学院大学行政研究センター
1,200円

No.35
自治体企業会計導入の戦略
高寄昇三　1,100円

No.36
行政基本条例の理論と実際
神原勝・佐藤克廣・辻道雅宣
1,100円

No.37
市民文化と自治体文化戦略
松下圭一　800円

No.38
まちづくりの新たな潮流
山梨学院大学行政研究センター
1,200円

No.39
ディスカッション・三重の改革
中村征之・大森彌　1,200円

No40
政務調査費
宮沢昭夫　800円

No41
市民自治の制度開発の課題
山梨学院大学行政研究センター
1,100円

No42
自治体破たん
・「夕張ショック」の本質
橋本行史　1,200円

No43
分権改革と政治改革
～自分史として
西尾勝　1,200円

No44
自治体人材育成の着眼点
浦野秀一・井澤壽美子・野田邦弘・
西村浩・三関浩司・杉谷知也・坂口
正治・田中富雄　1,200円

TAJIMI CITY ブックレット

No.2
転型期の自治体計画づくり
松下圭一　1,000円

No.3
これからの行政活動と財政
西尾勝　1,000円

No.4
構造改革時代の手続的公正と
第2次分権改革
手続的公正の心理学から
鈴木庸夫　1,000円

No.5
自治基本条例はなぜ必要か
辻山幸宣　1,000円

No.6
自治のかたち法務のすがた
政策法務の構造と考え方
天野巡一　1,100円

No.7
自治体再構築における
行政組織と職員の将来像
今井照　1,100円

No.8
持続可能な地域社会のデザイン
植田和弘　1,000円

No.9
政策財務の考え方
加藤良重　1,000円

No.10
市場化テストをいかに導入す
るべきか　～市民と行政
竹下譲　1,000円

朝日カルチャーセンター 地方自治講座ブックレット

No.1
自治体経営と政策評価
山本清　1,000円

No.2
ガバメント・ガバナンスと
行政評価システム
星野芳昭　1,000円

No.4
政策法務は地方自治の柱づくり
辻山幸宣　1,000円

No.5
政策法務がゆく
北村喜宣　1,000円

政策・法務基礎シリーズ
―東京都市町村職員研修所編

No.1
これだけは知っておきたい
自治立法の基礎
600円

No.2
これだけは知っておきたい
政策法務の基礎
800円

地域ガバナンスシステム・シリーズ
（龍谷大学地域人材・公共政策開発システム
オープン・リサーチ・センター企画・編集）

No.1
地域人材を育てる
自治体研修改革
土山希美枝　900円

No.2
公共政策教育と認証評価シス
テム―日米の現状と課題―
坂本勝　編著　1,100円

No.3
暮らしに根ざした心地良い
まち
野呂昭彦・逢坂誠二・関原剛・
吉本哲郎・白石克孝・堀尾正靱
1,100円

都市政策フォーラム
ブックレット

No.1
「新しい公共」と新たな支え合いの創造へ —多摩市の挑戦—
首都大学東京都市政策コース
900円

シリーズ「生存科学」
（東京農工大学生存科学研究拠点 企画・編集）

No.2
再生可能エネルギーで地域がかがやく
—地産地消型エネルギー技術—
秋澤淳・長坂研・堀尾正靭・小林久著
1,100円

No.4
地域の生存と社会的企業
—イギリスと日本とのひかくをとおして—
柏雅之・白石克孝・重藤さわ子
1,200円

No.5
地域の生存と農業知財
澁澤　栄／福井　隆／正林真之
1,000円

No.6
風の人・土の人
—地域の生存とNPO—
千賀裕太郎・白石克孝・柏雅之・福井隆・飯島博・曽根原久司・関原剛
1,400円